GOLDMANN
Lesen erleben

Buch

Das Krokodil unter dem Bett, die Laus auf der Leber – überall lauern die kleinen und großen Herausforderungen für Mütter. Stephanie Schneider hält viele einfallsreiche Tipps parat, wie man im Trubel mit kleinen und großen Kindern stets gelassen bleibt. Außerdem weiß sie, wann aus Eltern wieder Paare werden und wie man sich seine eigene Wohlfühl-Oase namens Cappuccino schafft. Wie schon in ihrem Buch »Warum Mama eine rosa Handtasche braucht« teilt sie bereitwillig die Geheimnisse einer glücklichen Mutter und würzt das Ganze mit einer ordentlichen Prise Humor. Denn Cappuccino ist auch das Land des Gemeinsam-Lachens und des Sich-zusammen-Freuens. Los geht die Reise!

Autorin

Stephanie Schneider, geboren 1972, arbeitet als freie Journalistin und Autorin. Sie lebt mit ihrer Familie in Hannover. Auf ihre wöchentliche Zeitungskolumne »Pampers statt Palmen« freuen sich Eltern ebenso wie Zeitgenossen ohne Nachwuchs. Als zweifache Mutter und Autorin von Erziehungsthemen weiß sie, dass im Zusammenleben mit kleinen Kindern nur das Unkomplizierte bestehen kann.

Von Stephanie Schneider außerdem im Programm:
Warum Mama eine rosa Handtasche braucht (16978)

Stephanie Schneider

Auf nach Cappuccino

Wohlfühltipps einer glücklichen Mutter

GOLDMANN

Alle Ratschläge in diesem Buch wurden von der Autorin und vom Verlag sorgfältig erwogen und geprüft. Eine Garantie kann dennoch nicht übernommen werden. Eine Haftung der Autorin beziehungsweise des Verlags und seiner Beauftragten für Personen-, Sach- und Vermögensschäden ist daher ausgeschlossen.

MIX
Papier aus verantwortungsvollen Quellen
FSC® C014496

Verlagsgruppe Random House FSC-DEU-0100
Das für dieses Buch verwendete FSC®-zertifizierte Papier
Classic 95 liefert Stora Enso, Finnland.

1. Auflage
Vollständige Taschenbuchausgabe März 2012
Wilhelm Goldmann Verlag, München,
in der Verlagsgruppe Random House GmbH

Umschlaggestaltung: Uno Werbeagentur, München
Umschlagmotiv und Innenillustrationen: Angelika Ullmann, Frankfurt/M.
Satz: Uhl + Massopust, Aalen
Druck und Bindung: GGP Media GmbH, Pößneck
BK · Herstellung: IH
Printed in Germany
ISBN 978-3-442-17285-6

www.goldmann-verlag.de

INHALT

VORWORT

Für die Recherche dieses Buchs habe ich monatelang verschütteten Apfelsaft aufgewischt, eifersüchtige Geschwister und mein ständig schlechtes Gewissen besänftigt. Ich habe das Playmobilkätzchen aus dem Staubsaugerbeutel gerettet, im Stehen gegessen und unzählige Handytelefonate zwischen Haustür und Angel geführt. Nun bin ich fertig, und der Ratgeber ist es auch. Er ist alles andere als sachlich und objektiv, dafür aber mächtig subjektiv geworden.

Letzte Woche legte mir meine große Tochter mit leuchtenden Augen einen selbst geschriebenen Brief auf den Küchentisch:

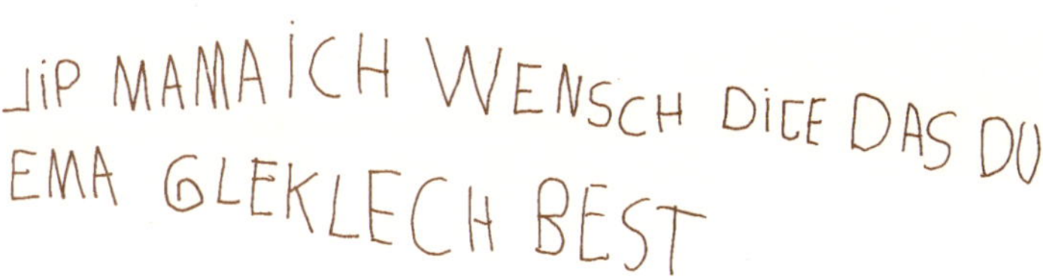
LIP MAMA ICH WENSCH DICE DAS DU EMA GLEKLECH BEST

Sollten Sie im Entziffern von Erstklässlerbriefen noch wenig geschult sein: »Liebe Mama, ich wünsche dich, dass du immer glücklich bist« steht da.

In dem Punkt kann ich meine Tochter beruhigen. Der Alltag als Mutter macht mich nämlich nicht nur oft müde, hektisch und genervt, sondern vor allem und trotz allem sehr glücklich. Kein Wunder, bei der Familie! Ich würde mit keinem Faultier der Welt tauschen.

Vielen Dank für jeden kostbaren Tag mit euch, ihr drei.

Kennen Sie Cappuccino?

Kennen Sie Cappuccino, das Land, in dem die Kinder gute Laune haben und die Väter rechtzeitig nach Hause kommen? Es ist das Land, in dem Sie ungestört telefonieren können und sich pünktlich zum Wochenende das Schönwetter-Hoch durchsetzt. In Cappuccino räumen alle Kinder ihre Schuhe selbst ins Regal, und die Partnerschaftministerin schreibt Eltern zwei Mal im Monat einen Restaurantbesuch vor.

Cappuccino ist das Land meiner Träume, denn es riecht mal nicht nur nach Bananen und Kindershampoo, sondern auch nach Massageöl, frischem Kaffee, fernen Ländern und dem Aftershave meines Mannes.

Genau da will ich hin. Und ich werde nicht geduldig darauf warten, ob irgendjemand anders auf die Idee kommt, mich hinzubringen. Glückliche Mütter nehmen die Dinge selbst in die Hand. Auch Sie können etwas dafür tun, dass Sie diesem Alltagsparadies jeden Tag ein Stückchen näher kommen. Haben Sie Lust, es sich als Mutter richtig gut gehen zu lassen? Dann auf nach Cappuccino!

MAMA MACHT ES SICH SCHÖN

Ihr Verwöhn-Programm
der nächsten
Jahre

Aktiv werden in eigener Sache

Eigentlich kann ich es kaum glauben, dass es schon sieben Jahre her ist, seit meine erste Tochter Josefine auf die Welt kam. Doch die verstreuten Lesekärtchen im Badezimmer lassen keinen Zweifel zu: Wir sind inzwischen im Schulkindalter angekommen.

Anfangs ging ich einmal in der Woche zum Mütter-Treff der Familienbildungsstätte. Die Leiterin Beate hatte jederzeit Kaffee, Kekse und ein paar gute Ratschläge für uns. Na ja, eigentlich beschränkten sich ihre Tipps immer auf ein und denselben. Egal, ob es um einen Milchstau oder das Chaos in der Wohnung ging, Beate beschwichtigte uns stets: »Lass es einfach laufen, Süße.« Wir waren schließlich noch neu im Familiengeschäft, und Beate wusste, dass Überleben momentan das Einzige war, auf das es ankam.

Josefine und Frieda sind inzwischen sieben und fünf, und mittlerweile zähle ich mich zu den alten Hasen im Familienbusiness. Dennoch gibt es immer wieder diese Nächte, in denen ich mich trotz aller Müdigkeit schlaflos im Bett wälze und mich nach einer allwissenden Beate sehne: »Ich bin überfordert. Bitte sag mir, was ich tun soll.«

Irgendwie scheinen Beates Weisheiten aus der Anfangszeit nicht mehr zu funktionieren, denn meine Muttergefühle machen mich gefährlich sensibel für die Bedürfnisse anderer. Wenn ich den Alltag weiterhin einfach laufen lasse, dann ende ich über kurz oder lang als »Mädchen für alles«. Irgendwann spiele ich dann zuverlässig den Chauffeur, räume den anderen die Sporttaschen aus und esse selbstlos die trockenen Pausenbrote von gestern. Und alle, sogar ich selbst, werden vergessen haben, dass Mütter auch Bedürfnisse haben.

Der nächste Abwasch kommt von alleine. Um unsere Belohnungen müssen wir uns kümmern.

Deshalb zieht es mich inzwischen auch nicht mehr in irgendein Baby-Café, sondern nach Cappuccino. Die Frauen dort wirken beneidenswert gelassen und voller Lebensfreude.

Lange Zeit habe ich mich gefragt: Wie machen die das bloß? Zelebrieren sie strenge spirituelle Hausaufgaben? Trainieren sie tapfer in Belohnungs-Projekten und Wellness-Centern? Eher unwahrscheinlich, denn schließlich haben Mütter auch so schon genug zu tun. Selbst die Geschirrspüler auf den Glücksinseln von Cappuccino räumen sich nun einmal nicht von alleine aus.

Und tatsächlich liegt das Geheimnis der gut gelaunten Cappuccinas gerade nicht in ihrer Disziplin und Selbstbeherrschung. Statt alle 14 Tage die Gummistiefel zu desinfizieren und nachts um elf noch das Altpapier vor die Tür zu schleppen, nehmen sich die dortigen Mütter lieber ein Beispiel an der Fernbedienung auf ihrem Couchtisch. In Sachen »Lebensplanung« ist es nämlich gar nicht nötig, sich jedes Mal ächzend aus dem Fernsehsessel zu hieven, um etwas zu verändern. Es reicht, wenn Sie die entscheidenden Knöpfe drücken, um Ihr Lieblingsprogramm zu starten.

Machen Sie es sich doch auch so leicht wie die Frauen auf der Glücksinsel. Das, was Überfrauen wie Ursula von der Leyen oder Heidi Klum nur durch eiserne Selbstdisziplin schaffen, erreichen Sie auf bequemere Art und Weise: Cappuccinas setzen Prioritäten, statt bei jedem Thema mitzumischen. Und wie das geht, das lesen Sie hier.

Nicht nur die Kinderfüße sind gewachsen

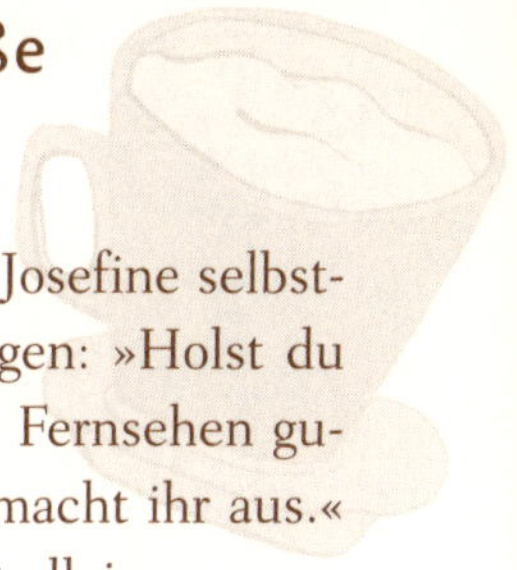

Jeden Tag werden meine Töchter Frieda und Josefine selbstständiger. Inzwischen brauche ich nur zu sagen: »Holst du mal die anderen zum Essen?« oder »Ihr dürft Fernsehen gucken, aber wenn der Zeiger auf der Drei ist, macht ihr aus.« Auch ihre Zähne putzen sich die beiden längst alleine.

Na ja, zumindest tun sie so. Man könnte meinen, das Leben sei in den letzten Jahren deutlich einfacher geworden. Welch ein Irrtum!

Nicht nur die Kinderfüße sind größer geworden. Auch die Ansprüche sind gewachsen!

Welche Ansprüche ich meine? Na zum Beispiel …

Die Ansprüche meiner Umwelt

Ein paar Jahre lang hat man mich geschont. Mit Baby-Müttern ist man in der Regel nachsichtig. Nun aber stellen meine Mitmenschen berechtigte Ansprüche an mich als beste Freundin oder voll belastbare Umzugshelferin. Andere Mütter erwarten meine Mithilfe beim Basar, die Auftragslage erwartet spontane Überstunden, und auch mein Mann fände es nett, langsam mal wieder etwas anderes als nur den Abwasch mit mir gemeinsam zu machen.

Meine eigenen Ansprüche

Auch die eigenen Ansprüche einer Mutter steigen wieder. Ich will meine alten Hobbys zurückhaben und endlich mal ungestört telefonieren. Meine Freundin Anne will wieder »Frau Schiller aus der EDV« sein und nicht nur die »Mama von Anton und Jasper«. Und Sandra sitzt auf einem Bauernhof an der Ostsee und blättert sehnsüchtig in den Reiseführern von Florenz.

Eigentlich arbeitet die Zeit für Frauen wie uns, denn unsere Kinder kommen zunehmend alleine zurecht. Große Sprünge im Terminplan sind dennoch nicht drin, solange die großen Piraten, Entdecker und Zauberhexen manchmal plötzlich wieder ganz klein werden und dringend ihre Mama brauchen, um ihr von dieser blöden Geschichte im Schwimmkurs zu erzählen.

Die Ansprüche der Kinder

Am meisten sind jene Ansprüche gewachsen, die Frieda und Josefine an mich stellen! Sie fordern meine erzieherischen Fähigkeiten heraus, beäugen plötzlich kritisch die Mode im Kleiderschrank und das Unterhaltungsprogramm. Früher haben Jens und ich über Stunden große Erfolge mit dem Kuckuck-Spiel gefeiert, heute will unsere Tochter, dass wir erklären, was ein Stromumspannwerk ist, und sagt schon zwei Tage nach der Ankunft auf dem Fun-Campingplatz, ihr sei ja soo langweilig …

Einem Baby braucht man bestenfalls nur die Brust zu geben. Einem Sechsjährigen hingegen müssen wir die Stirn bieten. Kinder nicht nur zu versorgen, sondern nebenbei auch noch zu erziehen, erfordert unheimlich viel Kraft und Nervenstärke.

Unterschätzen Sie deshalb nie, was Sie leisten!

Wenn unsere Kinder erst einmal anfangen zu diskutieren und uns lauthals zu hinterfragen, gibt es keine »Still-Pausen« mehr. Je liebevoller wir uns selbst umsorgen und verwöhnen, umso besser meistern wir diese anspruchsvolle Aufgabe.

Welche Wünsche haben Sie?

Es ist also ganz im Sinne meiner Familie, wenn ich mich verwöhne, um für die wichtigen Aufgaben gestärkt zu sein. Doch was genau brauche ich eigentlich, damit mich Josefine und Frieda zufrieden und gelassen erleben?

Ich stelle immer wieder fest, dass Mütter – egal, ob sie im sonnigen Cappuccino oder im verregneten Salzgitter-Lebenstedt wohnen – im Grunde die gleichen Bedürfnisse haben. Wir sind uns ähnlicher, als wir denken. Vermutlich haben sich schon die alten Römerinnen sonntags ab 20:15 Uhr nichts sehnlicher als Ruhe im Domus gewünscht, um ungestört den »Münster-Tatort« gucken zu können. Und nicht nur das.

Männer wollen immer nur das eine.
Mütter wollen noch ein paar Sachen dazu:

1. **Heile Welt.** Den Kindern geht es gut. Krankheiten und existenzielle Probleme tauchen nur im abendlichen Fernsehprogramm auf.
2. **Pause**. Ruhe. Körperliche Erholung. Urlaub vom ständigen Erledigen. Der Wunsch, verwöhnt, bedient und umsorgt zu werden.
3. **Liebe.** Das Gefühl, nicht nur als Mutter, sondern auch als Frau, Freundin und Mensch geliebt und gesehen zu werden.
4. **Anerkennung.** Stolz sein. In Applaus und Bestätigung baden.

5. **Spaß.** Mal wieder aus vollem Halse lachen, Freizeit gestalten, Freunde treffen.
6. **Abwechslung.** Die Lust auf Neues. Einfach mal etwas ganz anderes sehen und hören.

Ist für Sie etwas dabei? Dann schreiben Sie sich Ihren Wunschzettel.

Wünsche werden wahr, wenn wir sie formulieren, und zwar möglichst genau.

Leichter gesagt, als getan, denn sobald ich versuche, meine Wünsche etwas genauer zu formulieren, als an der roten Ampel zu stöhnen: »Ich wollte, ich hätte Ruhe«, pfeift mich mein Verstand mit einem gepfefferten *aber* zurück: »Ich hab aber gerade keinen Stift«, »Mir fällt aber nichts ein«, »Jetzt muss ich aber erst einmal Abendessen machen«, »Wozu soll das gut sein?«, »Heute bin ich schon zu müde«, »Ich kann gar nicht schreiben«, »Wozu aufschreiben? Ich mach das im Kopf, das geht genauso gut«. Dieses *aber* mischt sich überall ein und kann immer haargenau belegen, warum meine Wünsche angeblich absurd und unrealistisch sind.

Doch inzwischen weiß ich, wie viel Spaß es macht, sich selbst Wunschzettel zu schreiben. Da lasse ich mich von dieser Stimme nicht mehr abhalten. Warum sollten meine Wünsche Realität werden, solange ich mich noch nicht einmal traue, sie konkret zu formulieren? Das wäre ja wie ein Lottogewinn, ohne dass ich den Spielschein ausfülle. Wenn ich mir den Hauptgewinn wünsche und dabei sein will, wenn Segelyachten und Sofortrenten verteilt werden, dann ist es doch das Mindeste, dass ich mich vorher für konkrete Zahlen entschieden habe, oder?

Deshalb gönne ich mir meine Wunschzettel, auch wenn das *aber* noch so sehr quengelt, und den nächsten am besten gleich jetzt auf der Stelle:

Wunschzettel Nr. 14

- Mit Anne bummeln gehen
- Wandern in Island
- Einen Tag mit Dieter Nuhr verbringen
- Als 80-Jährige im Seniorenheim die Frauenband »Lachfalten« gründen
- Ein privater Yogalehrer
- Wie zu alten Zeiten mit Jens herumalbern
- Schicke Klamotten kaufen
- Gemeinschaftswohnprojekt in unserem Viertel
- Den neuen Spanier ausprobieren
- Den Heuschnupfen los sein
- Eine Koch- und Hilfsgemeinschaft für berufstätige Mütter gründen

Selbst das Wünschen kann man üben. Im Gegensatz zum Kopfrechnen macht hier das Training sogar Spaß. Schreiben Sie Ihren ersten Wunschzettel jetzt sofort, auch wenn Ihnen scheinbar nichts einfällt oder es Ihnen unrealistisch und albern erscheint. Nun schreiben Sie schon! Einfach so. Es ist ja nur ein großes Spiel, bei dem Sie bloß gewinnen können.

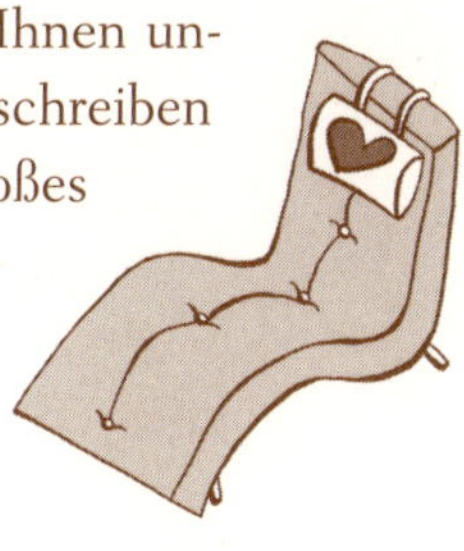

Lassen Sie mich Ihren persönlichen Wunschzettel lesen? Ich würde mich freuen, von Ihnen zu hören.

(Wunschzettel@Stephanie-Schneider.de)

Sie brauchen zehn Minuten

Als ich Sandra von meinen Wunschlisten erzählte, schrieb sie ihre erste gleich bei uns am Küchentisch. Wovon sie träumte? Sandra notierte, sie wolle einen Laden eröffnen, die Krise mit ihrem Mann beilegen, Flämisch lernen, nach Kanada ziehen, gesünder leben, den Motorbootführerschein machen und den Keller entrümpeln. Ein beeindruckendes Programm. »Ja, ich will so vieles«, seufzte sie. »Aber immer wieder fehlt mir die Zeit.«

Kein Wunder, Mütter sind schließlich nicht gerade für gähnende Leere im Terminkalender bekannt. Das macht aber nichts. Auch Sandra braucht nicht länger auf den Moment zu warten, an dem sie die nötigen zwei Monate frei hätte, um sich grundlegend um ihre Wünsche zu kümmern.

Für Veränderungen brauchen Sie nicht mehr als zehn Minuten.

Bedingung ist allerdings, dass Sie keine Ausnahmen machen und sich auch wirklich jeden Tag diese Zeit nehmen. Dann aber werden Sie Ihr himmelblaues Wunder erleben. Der Unterschied zwischen einer überarbeiteten, frustrierten Mutter und einer strahlenden, lebenslustigen Frau beträgt also nur zehn Minuten! Ich habe es selbst ausprobiert.

Das fing ein paar Wochen nach der Geburt meiner zweiten Tochter an. Frieda war ein anstrengendes Baby, und zusammen mit der Eifersucht ihrer großen Schwester, dem ganz normalen Alltagschaos und dem gnadenlos heißen Sommer 2003 war ich bis an meine Grenzen gefordert. Trotzdem fehlte mir bei all der Arbeit das »gewisse Etwas«. Irgendetwas, das nur mir alleine gehörte. Irgendetwas, das sich von nervigem, unumgänglichem Kram wie Jogurt einkaufen, Schwimmflügel suchen und Schnuller auskochen unterschied.

Als Kind hatte ich immer davon geträumt, Astrid Lindgren zu werden und Bücher zu schreiben. Jetzt fiel es mir wieder ein, doch mehr als zehn Minuten täglich waren in diesem Sommer beim besten Willen nicht drin. An einem dieser Tage notierte ich mir zehn Minuten lang ein paar Ideen. An einem anderen unterhielt ich mich mit einer Bekannten darüber, ob meine Träume realistisch sein könnten. Am dritten Tag fand ich im Internet ein Buch mit dem Titel »Erfolgreich Kinderbücher schreiben« und bestellte es telefonisch in meiner Buchhandlung.

Stück für Stück entwickelte sich in diesem Babysommer etwas, das mir Kraft und gute Laune für das turbulente Familienleben gab. Die Zehn-Minuten-Regel hat übrigens nicht so funktioniert, wie ich mir das gedacht hatte. Jetzt schreibe ich schon fünf Jahre, und ich bin immer noch nicht Astrid Lindgren. Das Ergebnis fühlt sich trotzdem gut an.

Zehn Minuten, das war in etwa so viel Zeit, wie ich sonst dafür verwendet habe, im Internet zu surfen oder mich mit anderen Müttern vor dem Kindergarten über das Wetter aufzuregen. Meinen Sie, Ihr voller Tagesplan gibt diese Zeitspanne für Ihre großen Wünsche ebenfalls her?

Gönnen Sie sich täglich 10 Minuten, um einem Ihrer Träume näherzukommen.

Wie Sie gehört haben, kann das ein Gespräch sein, ein Anruf, Notizen oder eine Internet-Recherche. Vielleicht holen Sie in dieser Zeit die passende Ausrüstung vom Dachboden. Oder Sie lesen in einem thematisch passenden Buch. Hauptsache, es geht in die richtige Richtung. Schreiben Sie die täglich investierten Minuten in Ihren Kalender! Sie verpflichten sich Ihren Träumen, indem Sie sich täglich diese magische Ziffer notieren.

Legen Sie keinen Kaltstart hin

Fast alle Mütter bestätigen, dass sie Belohnungen und Schönes in ihrem Leben wollen.

- **Die Zaghaften sagen:** »Wollen würde ich schon. Ich hab's auch schon mal probiert, aber just da wollte meine Kleine mit mir puzzeln, und meiner Nachbarin war das auch nicht so recht, weil ich doch immer parat stehe, um ihre Pakete anzunehmen. Solange die Kinder klein sind, ist so etwas unrealistisch. Das habe ich inzwischen eingesehen.«
- **Die Gründlichen sagen:** »Wir brauchen mehr Unterstützung, auf jeden Fall! Aber Kleinigkeiten reichen da nicht aus. Wenn schon Mutterglück, dann richtig!« Statt einfach mal früher ins Bett zu gehen, treffen sie sich alle vierzehn Tage am Themenstammtisch und diskutieren die gesellschaftlichen Missstände grundlegend.
- **Die Beschäftigten sagen:** »Wohlgefühl? Ja, gerne. Vorher muss ich allerdings erst noch vier Kilo abnehmen und das Buffet für die Schuleingangsfeier meines Sohnes vorbereiten.«

Letztendlich läuft es auf das hinaus, was ich jedem Atomkraftwerk von Herzen gönne: Es passiert rein gar nichts! Der gute Wille allein genügt anscheinend nicht. Deshalb habe ich Ihnen im letzten Kapitel meine »Zehn-Minuten-Regel« vorgestellt. Warum aber reichen zehn Minuten täglich aus, um Ziele zu erreichen, die eigentlich viel mehr Zeit und Aufwand erfordern? Es funktioniert, weil das eigentliche Problem nicht die notwendigen Veränderungen sind, sondern die Schwierigkeit, erst mal aus dem Stillstand heraus zu kommen:

Es geht ums Losgehen, nicht ums Ankommen.

Überhaupt anzufangen ist das A und O. Wenn wir das Losgehen nicht dem Zufall überlassen, fällt uns das Ankommen wie von selbst in den Schoß.

Sie kennen das vielleicht vom ersten Tag am Urlaubsort, wenn die Kinder Ihnen stumm am Rockzipfel hängen, während sie und der Nachwuchs aus dem Nachbarappartement sich neugierig aus der Ferne beäugen. Sobald aber der erste kleine Satz »Die Inliner hab ich zu Hause auch…« gefallen ist, läuft der Rest wie von selbst. Abends sind sie schon die besten Freunde, und bis zur Abreise brauchen Sie sich um die Kinderanimation keine Gedanken mehr zu machen.

Was uns Erwachsene vom Träumen abhält, ist die berechtigte Angst, wir könnten uns übernehmen. Kein Wunder, schließlich fühle ich mich auch ohne hochtrabende Bau- oder Reisepläne schon gelegentlich überfordert. Lassen Sie es langsam angehen. Anders ausgedrückt:

Legen Sie keinen Kaltstart hin.

Die Mütter in Cappuccino starten spielerisch und probieren sich an Details, statt als Erstes nach der Babypause den fünfjährigen Auslandsvertrag abzuschließen.

- Sie schauen sich Indien mit ihren drei Kindern im Fernsehen und nicht im klapprigen Überlandbus an.
- Sie gehen zum Friseur statt zum Schönheitschirurgen.
- Sie ketten sich nicht für zwei Tage an einen Schweinetransporter auf der A1, sondern kaufen die Leberwurst aus artgerechter Tierhaltung.

Sie machen viele kleine Schritte, und das ist auch für uns genau das richtige Tempo. Schließlich haben wir zwei kleine Kinder, einen Golden Retriever und einen Mann, der regelmäßig auf Dienstreise ist. Es ist nicht so, dass ich uns Müttern unter diesen Umständen nicht noch zusätzliche Großprojekte zutraue, sondern dass unsere Lebensqualität dabei draufgeht, wenn wir die Kurzzeit-Ziele zu hoch stecken.

Wozu auch hetzen? Wie Sie mittlerweile wissen, vollzieht sich alles Wesentliche in täglichen 10-Minuten-Schritten. Mit diesem Rhythmus erreichen wir sehr viel mehr als all jene hochgepuschten Vollgasfrauen, die bereits kurz nach ihrem atemberaubenden Traumstart mit Bluthochdruck und Motorschaden liegen bleiben.

Die ganz normale Bauchlandung

Wenn mein Nachbar Carsten am Sonntag mit seinen Kumpels loszieht und sie nach dreistündiger Fahrradtour vom Regen überrascht werden, dann stöhnt er: »Na, das war ja wohl nichts«, und erklärt den Ausflug für gescheitert. Kinderlose sind gelegentlich etwas verweichlicht, nicht wahr?

Meine Freundin Anne war am Sonntag mit ihrer Familie ebenfalls unterwegs. Auf der Rückfahrt legten sie einen spontanen Zwischenstopp bei uns ein, weil Jasper sich im Auto übergeben hatte. Während wir zwei den dampfenden Kindersitz abwischten, erzählte Anne mir müde, aber zufrieden vom Tag. »Ein toller Ausflug«, sagte sie. »Die Kinder waren total begeistert.« Nun ja, Jasper hat sich im Auto übergeben. Ja, sie hat in eine Wespe gefasst. Und zugegeben, ihr Mann musste den ganzen Weg noch mal zurücklatschen, weil Anton seine heißgeliebte Frottee-Puppe auf der Lichtung vergessen hatte. Aber zumindest konnten sie und die Kinder den plötzlichen Regenschauer unterdessen in der Waldgaststätte abwarten. Alles in allem war es ein herrlicher Sommertag, an den sie alle noch lange zurückdenken würden.

Carstens Empfindlichkeiten können und wollen wir Eltern uns nun einmal nicht leisten. Egal, was wir machen:

Dass etwas dazwischenkommt, gehört dazu.

Deshalb polstert die Natur ihre kostbaren Mutterexemplare in der Körpermitte gerne mal etwas weicher aus. Auf diese

Weise wappnet sie uns für die unzähligen Bauchlandungen, die wir im Alltag erleben.

Ich weiß nicht, wie oft ich in den letzten sieben Jahren schon irgendwo zu spät gekommen bin und wie viele Zusagen wir wegen plötzlicher Fieberschübe im letzten Moment rückgängig machen mussten. »Das große Indianerehrenwort« einer Mutter ist ehrlich gesagt nicht mehr wert als ein Becher abgelaufene Buttermilch, denn die unvorhergesehenen Zwischenfälle machen jedes Bemühen um Zuverlässigkeit zunichte.

Ich muss gestehen, dass Jens und ich selbst die Elternschule zum Thema »Kinder brauchen Verlässlichkeit« vorzeitig abgebrochen haben, weil wir ausgerechnet immer dienstags Besuch oder Migräne bekamen.

Mit Kindern ist »Scheitern« nun mal der Normalfall. Die Frauen aus Cappuccino geben sich deshalb erst gar nicht der Illusion hin, ihre Pläne ohne Zwischenfälle durchziehen zu können. Stattdessen ändern sie die Perspektive:

> **Glückliche Menschen erhöhen nicht ihre Erfolge, sondern sorgen dafür, dass sie besser scheitern.**

Wäre das nicht auch etwas für Sie? Letztes Jahr noch mussten Sie den Elternabend absagen, weil sich die Versicherung wegen des Wasserschadens angemeldet hatte. Dieses Jahr können Sie nicht, weil Sie Konzertkarten oder ein Vorstellungsgespräch haben, und in zwei Jahren muss die Veranstaltung schon wieder ohne Sie stattfinden, weil Sie sich das Bundesverdienstkreuz abholen oder es zurzeit Schwierigkeiten mit der Renovierung Ihres schwedischen Sommerhauses gibt. So schön kann Scheitern sein.

Auf den Glücksboten von der Lottostelle warte ich leider noch. Doch selbst wenn wir es nicht sofort schaffen, auf dem Siegertreppchen von Stufe zu Stufe zu hüpfen, letztendlich geht es einfach darum, sich von den alltäglichen Miseren nicht den Wind aus den Segeln nehmen zu lassen.

DIE INVASION DER LEGOSTEINE

Erleichtern Sie sich den Alltag

Nutzen Sie die Schule des Lebens

Meine Allgemeinbildung ist so lückenhaft wie das Milchzahngebiss eines Grundschulkindes. Sobald ich in die Pubertät kam, konnte ich mich in der Schule kaum noch konzentrieren, weil ich stattdessen über Frisuren oder meinen Liebeskummer nachdenken musste. Heutzutage bereue ich es manchmal, nicht besser aufgepasst zu haben, denn mit der 125.000-Euro-Frage könnten wir ganz prima den Dachstuhl ausbauen.

Doch noch scheinen Hopfen und Malz nicht gänzlich verloren. Die wichtigsten Dinge lernt man nämlich nicht in der Schule, sondern im Leben. Vor allem im Familienleben. Wer sich Kinder anschafft, steigert sein Wissen um ein Vielfaches. Zuerst erwerben junge Mütter Spezialwissen. Sie lernen Wissenswertes über Beckenböden und Wickelbodys und machen die Erfahrung, dass man die nervenschonenden »Flüsterräder« nur mit brachialer Gewalt ans Bobbycar bekommt. Wenn die Kinder größer werden, steht auch Allgemeinwissen hoch im Kurs:

- Warum hat man da so eine Kuhle zwischen Nase und Oberlippe?
- Wie hoch ist der Eiffelturm?
- Was bedeuten diese orangen Pfeile auf den Autobahnschildern?
- Fressen Fliegen auch ihr eigenes Aa?

- Haben Schafe einen Bauchnabel?
- Und wer bestieg als Erster den G8-Gipfel ohne Sauerstoffgerät?

Die Zuschauermehrheit von »Löwenzahn« und der »Sendung mit der Maus« ist zwischen 25 und 38 Jahren alt. Das ist kein Zufall. Kinder zu haben, macht schlau.

Nutzen Sie die Schule des Familienlebens.

Dies hier ist meine große Chance auf Allgemeinbildung. »Auf geht's, Kinder«, rufe ich durchs Treppenhaus. »Zieht eure Schuhe an. Jetzt fängt der Ernst des Lebens an.« Mama will es endlich wissen, und die Kinder müssen mit:

- Wir fahren zum Flughafen und besichtigen eine Mühle.
- Ich lese Geschichten über Eskimos, Piraten und die Arbeit in einer Großküche vor.
- Wir untersuchen den toten Maikäfer auf dem Parkplatz.
- Ich schaue in aller Ruhe den genervten Bauarbeitern über die Schulter und benutze die Kinder auch sonst bei jeder Gelegenheit als Vorwand, um einen ungenierten Blick hinter die Kulissen zu werfen.

Die Zeit drängt. Inzwischen bin ich 35, und wahrscheinlich ist dies hier die letzte Gelegenheit, um etwas über heimische

Frühblüher, Dreisatzrechnung und Dinosaurier zu lernen. Die Chancen stehen ganz gut. Immerhin habe ich zurzeit den Kopf frei von Liebeskummer, und beim Friseur war ich auch erst gestern. Es wäre schließlich schade, wenn ich etwas vom Stoff verpassen würde.

Und jeden Tag nach Schulschluss nehme ich mir Stift und Papier und mache brav meine Hausaufgaben:

Wunschzettel Nr. 17

- Fließend Englisch sprechen
- Einen frisch gepressten Saft und Croissants serviert bekommen
- Drei Kilo abnehmen

- Mich mit meiner Freundin Sandra aussöhnen
- Den Zuschlag für die Wohnung in der Michael-Ende-Straße bekommen
- Eine Freundin, die mit mir zum Yoga geht
- Endlich eine Idee für Jens' Geburtstag
- Joggen können

Verwöhnen Sie Ihre Kinder nicht mehr als sich selbst

Sie sollten Anne am Geburtstag ihres Sohnes sehen! Mit einer fast kindlichen Freude bläst sie Luftballons auf und befestigt noch schnell die coole Piratenfahne an Jaspers neuem Fahrrad. Kein Wunder, dass meine Freundin mit Herz und Seele dabei ist:

Verwöhnen macht Eltern Spaß und Kinder selbstbewusst.

Dennoch hat das Wort »Verwöhnen« einen ziemlich schlechten Ruf, und das zu Recht. Die missmutigen und launischen Gegenargumente begegnen einem schließlich überall.

Zum Beispiel letztes Jahr im Sommerurlaub. Tagelang mussten wir ein zirka siebenjähriges Exempel am Strand beobachten. »Lara hier! Lara dort!«, tönte es pausenlos durch die spanische Hitze. Kurioserweise kannte ich mal einen Braunschweiger Papagei dieses Namens. Die Kleine machte dem aufgeplusterten Vogel alle Ehre. Eine nörgelnde, ständig unzufriedene Diva, die heulte und die Kekstüte durch die Gegend pfefferte, wenn mal nicht alles nach ihrem Willen ging. Begleitet wurde Lara von ihren unterwürfigen, gehetzten Eltern, die offensichtlich eher das alte Tafelsilber von Tante Ingeborg versetzen würden, als es dem übellaunigen Mädchen zu verweigern, seine Handykarte wieder aufzuladen.

Vermutlich wollen auch Laras Eltern nur das Beste für ihr Kind. Doch wo ist der Punkt, an dem Umsorgen in Verhätscheln umkippt? In Cappuccino hilft eine einfache Faustregel den Müttern dabei, das richtige Maß zu finden:

Verwöhnen Sie Ihre Kinder nicht mehr als sich selbst.

Wenn es Eltern schwerfällt, sich selbst zu verwöhnen, kompensieren das manche, indem sie ihren Nachwuchs hofieren. Kindern wie Lara tun sie damit sicher keinen Gefallen und unfreiwilligen Zeugen wie uns auch nicht unbedingt.

Wie Sie sehen, hat Lara einen bleibenden Eindruck bei mir hinterlassen. Deshalb versuche ich, mich wieder einmal mehr um meinen eigenen Wunschzettel zu kümmern, damit Frieda und Josefine die Chance haben, zu begreifen: Selbst Eltern haben Bedürfnisse!

- Mamas wollen tagsüber voll und ganz für ihre Kinder da sein, Buntstifte anspitzen und geduldig für alle Spielkameraden aus der Nachbarschaft Marmeladenbrote schmieren, aber am Abend brauchen sie und Papa ihre Elternzeit.
- Mamas schmecken auch andere Gerichte als Nudeln und Pizza. Es darf also ab und zu mal »erwachsenes Essen« geben. Selbst Königsberger Klopse in Kapernsoße könnte ich also kochen, sofern ich es selbst kochen könnte.
- Manche Mamas möchten mittags eine Pause machen. Wenn ich vergessen habe, die Milch vom Herd zu nehmen,

darf Josefine mich jederzeit stören. Wenn es nur darum geht, die Legokiste vom Regal zu holen, kann das warten.

- Urlaub und Wochenenden sind für alle da, nicht nur für die Kinder. Deshalb darf abwechselnd jeder einmal das Freizeitprogramm bestimmen. Ich muss also nur dann mit ins Rolf-Zuckowski-Konzert, wenn Frieda nächste Woche auch mit zu den Wagner-Festspielen kommt. Na ja, oder eben gerade nicht.

So gesehen bin ich es den beiden als verantwortungsbewusste Mutter sogar schuldig, mir beim Einkaufsbummel neue Schuhe zu gönnen, statt ihnen die blauen Haarspangen zu kaufen. Wenn beim Anprobieren dann zufällig mein Handy klingelt, kann ich guten Gewissens sagen: »Du, lass uns später weitertelefonieren, ich arbeite gerade am Sozialprofil meiner Töchter ...«

Fällt es Ihnen auch manchmal schwer, sich auf Kosten Ihrer Kinder was Gutes zu tun? Trösten wir uns, Kinder wollen gar nicht alles haben, auch wenn sie noch so oft darum betteln. Sie wollen nämlich etwas viel Anspruchsvolleres: Eltern, die charakterfest genug sind, um ihnen von ihren unzähligen Forderungen nur diejenigen zu erfüllen, die Kindern und Eltern gut tun. 1986 bellte Herbert Grönemeyer durch die Hitparaden: »Kinder an die Macht«. Das könnte uns so passen! Um Steuerreformen, Erziehung und andere schwere Aufgaben müssen wir uns schon selbst kümmern.

Aber dafür ist morgen auch noch genügend Zeit. Heute

Abend genieße ich es erst einmal, meinen Kindern das Leben schön zu machen. Da verwöhne ich sie mit einer Extra-Gutenachtgeschichte und dem beruhigenden Gefühl, dass Mama inzwischen weiß, wie auch sie selbst zu ihrem Recht kommt. Wünsche habe ich ja genug …

Wunschzettel Nr. 25

- Durch die Stadt flanieren und dabei interessante Gespräche führen
- Gut schlafen
- Mir das Fernsehgucken im Bett abgewöhnen (damit ich besser schlafe)
- Keine Schmerzen mehr in meinem gebrochenen Zeh haben
- Nie wieder mit dem Fuß gegen die Bücherkiste rennen
- Ein Lottogewinn
- Ein Friseurbesuch
- Tolle Schwarz-Weiß-Fotos meiner Töchter an die Wände hängen
- Die Lebensgeschichte meiner Eltern und Großeltern als Roman nachlesen können

Entscheiden Sie sich einfach. Nach Gefühl

Wir können nur Töchter. Dabei hätte mein Mann so gerne einen Oskar gehabt. Seit wir die Familienplanung nun endgültig abgeschlossen haben, träumt Jens deshalb davon, einen Film zu drehen. Der Kinostreifen wird »Zeit der Entscheidungen« heißen, denn fast pausenlos müssen wir etwas für unsere Kinder entscheiden:

- Welcher Name passt zu meinem Kind?
- Nehmen wir das Impfrisiko in Kauf oder lieber eine folgenschwere Masernerkrankung?
- Muss ich dazwischengehen?
- Halbschuhe oder Sandalen?
- Kaufen wir den günstigen Schulranzen oder das Luxusmodell mit der Empfehlung von »Stiftung Warentest«?

Mir scheint, ich fälle an einem völlig normalen Dienstag mehr Entscheidungen als das Orkantief »Kyrill« Bäume in einer ganzen Woche. Immerhin steht mir ein Meer an Beratungsangeboten zur Verfügung. Pädagogische Seminare boomen, und seit einiger Zeit gibt es sogar Erziehungsfernsehen. Dieser Trend gefällt mir. Ich weiß ja nicht, wie es Ihnen damit geht, aber ich lasse mich gerne beraten. Für jede neue Lebenslage kaufe ich mir erst einmal ein passendes Handbuch, und wenn mir beim Gute-Nacht-Sagen die dritte Strophe von

»Hänschen klein« nicht mehr einfällt, dann rufe ich einfach meine Mutter an. Ich bin halt immer froh, jemanden zu kennen, der mehr weiß als ich und der einem dann verrät, dass »Hänschen klein« eh nur zwei Strophen hat.

Doch leider nimmt mir nicht in jeder Lage jemand die schwierigen Entscheidungen ab. So wie damals, als Jens und ich bestimmen sollten, ob unser sogenanntes »Kann-Kind« noch ein weiteres Jahr im Kindergarten bleibt. Sollten wir sie einschulen oder nicht? Eine folgenschwere Entscheidung. Die Statistik sprach dagegen, die Schwiegermutter war dafür, und in den Entwicklungsberichten der Erzieherin stand nur, dass »Josefine Konflikte stets beherzt, aber nicht immer zu Gunsten der Gruppenatmosphäre« zu lösen versuchte. Wir waren ratlos.

Um ja keinen Fehler zu machen, bat ich zusätzlich noch meine Tante Susi um ihre Meinung. Sie riet uns: »Hör dir an, was andere Mütter sagen, sprich mit deinem Mann darüber, und dann entscheide dich einfach nach Gefühl.«

Entscheide dich nach Gefühl? Es handelte sich um eine weitreichende Entscheidung, die ich lieber auf Fakten als auf ein vages Gefühl gestützt hätte. Doch inzwischen weiß ich, dass die Strategie meiner Tante sich bewährt hat. In der Regel mache ich mir Entscheidungen viel zu schwer. Mütter wissen nämlich auch ohne Fachleute sehr gut, was das Beste für ihr Kind ist. Wir müssen uns nur angewöhnen, diesem Wissen öfter zu vertrauen.

Hören Sie auf Ihr Bauchgefühl.

Bauchgefühl ist eine ziemlich schlaue Einrichtung der Natur. Mit dem Zitronensäurezyklus oder dem Aufbau des menschlichen Innenohrs kann es locker mithalten. Anne nennt ihr Bauchgefühl »innere Weisheit«, und Bennis Mutter spricht von »weiblichem Instinkt«, aber der Name spielt weiter keine Rolle. Diese innere Stimme weiß weit mehr über uns als objektive Experten. Vielleicht ist unser Bauchgefühl ein wenig eingerostet, nachdem wir jahrelang blind auf Spezialisten gehört haben, statt den eigenen Instinkten zu vertrauen, aber es ist alte Wertarbeit. Wenn wir es etwas entstauben und wiederbeleben, funktioniert es noch tadellos.

Ist es verantwortungslos, als Mutter dem eigenen Bauchgefühl zu vertrauen? Zum Beispiel, wenn mein Kind krank ist und ich die vom Arzt vorgeschlagene Behandlung ablehne? Wenn Sie Ihren Sohn alleine zum Bäcker laufen lassen? Wenn wir einen Kindergarten aussuchen, den alle anderen Mütter blöd finden? Ich glaube, dass es das Verantwortungsvollste ist, was Erwachsene tun können. Auch wenn viele anders darüber denken.

Wer ist das, der am Bauchgefühl zweifelt? Manche von ihnen verdienen daran, dass sie uns Entscheidungen abnehmen. Andere haben wenig Übung darin, ihrer inneren Stimme zu vertrauen. Und auch wenn es platt klingt: Die meisten Skeptiker sind Männer. Vielleicht wäre das anders, wenn Männer Kinder kriegen und so am eigenen Leib erleben könnten, wie zuverlässig Bäuche ihre Arbeit tun.

»Aus dem Bauch heraus« zu entscheiden bedeutet, Verantwortung zu übernehmen.

Je wichtiger die Entscheidung ist, umso mehr kommt es aufs Bauchgefühl an. Es ist ein kluger Berater, der mich unter anderem auch rechtzeitig auf jene Momente hinweist, in denen es besser ist, lieber auf objektive Spezialisten zu hören.

Das Prinzip »Pizza-Service«

Ich stöhne ja gerne: »Ich komme zu nichts«, aber eigentlich ist das eine absolute Untertreibung. Ich komme zu sehr vielem, nur ist es nicht unbedingt das, was mich zufrieden und ausgeglichen macht. Ich schmiere Butterbrote, die dann nicht gegessen werden, und suche erfolglos nach guten Kinderschuhen unter 50 Euro. Ich fange an, die Spülmaschine auszuräumen, und trinke meinen Kaffee halb. Ich unterbreche das wichtige Auslandstelefonat, weil meine dreijährige Nichte droht, ins Klo zu rutschen, und finde auf Anhieb einen Parkplatz vor der bereits geschlossenen Reinigung.

Manchmal bin ich abends total erledigt und habe dennoch nichts Richtiges geschafft. Diese nagende Unzufriedenheit kennt meine Freundin Anne auch. »Kein Wunder«, beklage ich mich bei ihr. »Ständig werden wir Mütter unterbrochen. Nicht einmal den Satz ›Ich komme zu nichts‹ können wir zu Ende denken. Eigentlich müsste er nämlich heißen ›Ich komme zu nichts von dem, was mich zufrieden und ausgefüllt macht‹, aber das ist ja ...«

»Wart mal kurz«, fährt Anne dazwischen und spurtet zum Kletterbaum, um ihren Jüngsten aus der Astgabel zu fischen. Zurück auf der Bank gibt sie zu bedenken: »Es muss ja auch nicht alles, was Mütter tun, nützlich und effektiv sein. Einfach mal die Zeit zu vertrödeln ist doch genauso wichtig.« Im Prinzip stimmt das, aber an manchen Tagen will ich halt Ergebnisse sehen. Dann zählen ausschließlich Fakten, Fakten, Fakten.

In solchen Stimmungen halte ich mich neuerdings an das Prinzip »Pizza-Service« – das heißt, ich hinterfrage meine momentane Beschäftigung: Bringt's das?

Kümmere ich mich um die Dinge, die mir schon lange auf der Seele liegen, oder verzettle ich mich in Nebensächlichkeiten?

Ich habe nämlich das Gefühl, dass es manchmal nicht zu wenig ist, was ich tue, sondern einfach nur das Falsche. So hat mich auch das Fitnessstudio nicht von den Rückenschmerzen befreit, solange meine monatliche Überweisung die einzige regelmäßige Aktivität blieb. Und als Konrads Mutter aus lauter Frust über fehlende Teilzeitstellen anfing, wie wild zu putzen, sah ihr Fußboden nachher klasse aus, aber ihr Selbstbewusstsein litt immer noch darunter, dass sie »nur« Hausfrau war.

Tun Sie lieber etwas, das sich lohnt.

Auf der Liste unerledigter Dinge tummeln sich Reparaturen, Verabredungen, Hobbys, Termine und Rechnungen. Davon nehme ich gezielt die Dinge in Angriff, die mir am meisten auf der Seele liegen.

- Ich unterbreche den Abwasch und gehe walken.
- Ich überlasse meine Schwiegereltern im Wohnzimmer einfach mal sich selbst und überweise am PC in der Küche

die überfälligen Rechnungen, die mir seit Tagen Magengrummeln bereiten.

- Ich bestelle endlich den Fensterputzer!
- Ich schwänze spontan den nächsten Zahnarzttermin, um mich endlich mal wieder mit meiner alten Freundin Heike zu treffen.

Haben Sie den kleinen, aber feinen Unterschied bemerkt? Normalerweise suche ich meine Arbeiten danach aus, welche der Erledigungen objektiv am wichtigsten erscheint. Diesmal überlege ich stattdessen, was mir *ganz persönlich* das größte Wohlgefühl bringt.

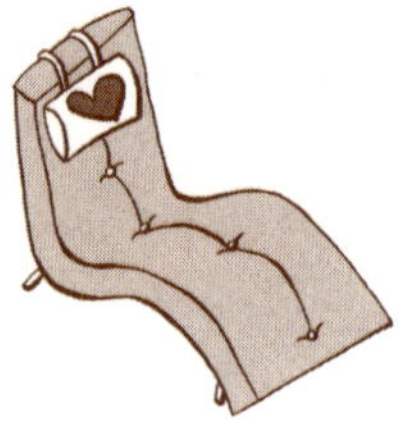

Kündigen Sie den Hasenpullover an

Jens und ich gehören zu der Sorte Menschen, die sich furchtlos dem Alltag stellen. Doch jeden Morgen, bevor wir hinausgehen, um Drachen zu töten oder die Firmenleitung von der neuen Software zu überzeugen, müssen wir durch die Hasen-Prüfung. Und davor graut es uns zwei schon beim Einschlafen. Der Hase ist aus Fleece und ziert den roten Lieblingspulli meiner Tochter. Ich habe gar nichts gegen Hasen, und der Pulli ist wirklich schön, nur leider wird selbst so ein Prachtstück im Laufe der Zeit schmutzig.

»Es gibt ja Waschmaschinen«, pflegt meine Freundin Anne zu sagen, aber in diesem Fall hilft auch keine Technik. Selbst Hochleistungsgeräte können Flecken schließlich nur dann aus einem Pullover entfernen, wenn man ihn auszieht. Ein

Tag ohne ihren Hasenpullover kommt für meine Kleine aber überhaupt nicht in Frage.

Diese Morgenstunden, an denen ich meiner Tochter wieder einmal sagen muss, dass sie heute mit dem grün-geringelten Kapuzenpulli oder einem der anderen zehn Exemplare vorliebnehmen muss, erfordern elterlichen Heldenmut. »Ihr seid so gemein«, schimpft Frieda noch um kurz vor acht in Unterwäsche, während alle anderen bereits ihr Frühstück beenden. »Ich will aber *den* anziehen. Alle anderen Pullover sehen doch total doof aus. Die zieh ich nicht an.« Jens sagte letztens: »Das ist schon kein Pullover mehr, das ist ein einziges Drama.« Manchmal waschen wir den Pulli über Nacht und trocknen das klamme Bündchen in Ermangelung eines Trockners morgens schnell mit dem Föhn, nur um uns einmal mehr das Theater zu ersparen. Es ist entwürdigend.

Haben Sie auch einen Hasenpullover im Sortiment? Oder sind es in Ihrer Familie vielleicht ganz andere Situationen, auf die Ihre Kinder jedes Mal augenblicklich mit entrüstetem Protest und der großen Heulsirene reagieren? Ein Wort über scheinbare Nebensächlichkeiten und alltägliche Notwendigkeiten, und schon schrillt die Alarmglocke los. Zu den verbotenen Sätzen in unserer Familie gehören auch noch:

- »Warte, bis es Essen gibt.«
- »Für die Sandalen ist es noch zu kalt.«
- »Papa und ich gehen heute Abend noch mal weg.«
- »Leg das Puzzle weg, wir müssen jetzt los.«

»Bis wir wieder zu Hause sind, ist ›Sandmännchen‹ leider schon vorbei.«

An manchen Tagen gibt es kaum ein elterliches Wort, das meine Tochter nicht für einen lautstarken Protest nutzt. Deshalb haben wir uns eine neue Taktik gesucht. Die Buntwäsche für den roten Hasenpullover können wir unseren Kindern nämlich auch zukünftig nicht ersparen. Leichter wird es aber, seit wir unangenehme Dinge mit etwas zeitlichem Vorlauf ankündigen.

Kündigen Sie den nächsten Waschgang für den Hasenpulli rechtzeitig an.

Wenn ich weiß, dass der rote Pulli noch auf dem Trockenboden hängt, dann warte ich nicht mehr bis zum nächsten Tag, um sie mit dieser schmerzhaften Tatsache zu konfrontieren. Gleich in dem Moment, wenn sie verdreckt vom Spielplatz kommt, erzähle ich ihr beiläufig: »Den Hasenpulli werde ich heut Abend waschen. Du kannst dann morgen den gestreiften anziehen.«

Diese Verzögerungstaktik hat sich bewährt. Frieda muss nicht ständig aufpassen, ob wir unbemerkt irgendwelche Frechheiten wie Pullover-Wäschen, Grünkohl oder Besuch von der nervigen Frau Kampmann im Schilde führen. Sie kann sich darauf verlassen, dass wir ihr nicht unnötig etwas verheimlichen. Außerdem haben wir jetzt mehr Zeit und Nervenstärke für den »ganz großen Flunsch«. Abends um sechs gehen Jens und ich einfach deutlich entspannter mit den Szenen unserer Tochter um, als wenn uns gleichzeitig die Zeit im Nacken sitzt. Und wer weiß, vielleicht kaufen wir uns ja eines Tages sogar einen Trockner.

HALT MICH FEST UND LASS MICH FLIEGEN

Lassen Sie
Ihre Kinder
groß werden

Ermutigen Sie Ihre Kinder, sich zu entfernen

Ich glaube, ich sollte mal zum Kardiologen gehen. Immer wenn meine Große wieder ein Stück selbstständiger wird, spüre ich so einen schmerzhaften Stich in der Brust. So war es auch, als wir unsere zukünftige Erstklässlerin zum »Schnuppertag« in die Grundschule gebracht haben. Nach der Begrüßung meinte die Rektorin: »Die Eltern haben jetzt mal bis halb zwölf frei«, und komplimentierte uns freundlich, aber bestimmt aus der Pausenhalle. Und nun? Etwas ratlos stand ich in der Schultür herum. Jahrelang hatte ich auf einen solchen Moment gewartet, um endlich wieder ungestört Bäume ausreißen zu können. Nun war er da, und stattdessen ging ich zur Drogerie und zur Post und kam mir plötzlich etwas heimatlos vor.

Wenn Kinder sich weiterentwickeln, entsteht bei den Müttern manchmal ein Gefühl der Leere. Es ist halt wie auf dem Arbeitsmarkt: Nicht jede neue Leerstelle wird sofort wieder besetzt.

Schon die Eröffnungswehen haben mir vor Jahren klargemacht, dass es schmerzhaft sein kann, seine Kleinen nach und nach loslassen zu müssen. Und schon damals hat es die Sache nur schwieriger gemacht, sich dem Lauf der Natur entgegenzustellen.

Doch dieser Einsicht zu folgen, ist leichter gesagt als getan. Diese Leere fühlt sich so ungewohnt an, dass ich gelegentlich auf die Bremse trete. Ohne es in dem Moment zu merken, versuche ich, die Selbstständigkeit meiner Kinder einzuschränken, statt sie zu fördern.

Kinder haben kein Problem mit dem Selbstständigwerden. Schwer fällt es nur den Müttern.

Die Frauen in Cappuccino kennen dieses Stechen in der Brust. Sie gehen in drei Schritten vor, damit sie ihre Kinder beim Großwerden nicht stören:

Schritt 1: Sie akzeptieren das Gefühl.

Keine leichte Sache für ein eingefleischtes Muttertier wie mich, aber schließlich hat mir keiner versprochen, dass Kinder zu haben nur angenehm ist. Deshalb mache ich mir klar, dass dies eines meiner Gefühle ist und nicht das meines Kindes. Ein Blick auf meine Tochter bestätigt mir das. Josefine ist vollauf damit beschäftigt, aus Schuhgröße 31 herauszuwachsen und die Schrittfolge vom »KI.KA.Tanzalarm« zu lernen. Sie hat weder die Zeit noch die Verpflichtung, mich zu trösten.

Schritt 2: Sie ermutigen ihre Kinder, sich wieder einmal ein Stück von ihnen zu entfernen.

Ich tue mein Bestes. Ich übe mit Josefine den Schulweg, damit sie ihn spätestens im Sommer endlich alleine gehen kann.

Ich unterstütze Frieda, als sie zum ersten Mal bei ihrer Freundin Ronja übernachten will. Wir rufen deren Eltern an, packen ihre Tasche und reparieren noch schnell die Taschenlampe, damit der Abend für meine Kleine ein Erfolg wird. Und was passiert? Überrascht stelle ich fest, dass ich mich gleich viel besser fühle, wenn ich aktiv mithelfen kann, statt tatenlos zusehen zu müssen, wie sie ihrer Wege gehen.

Schritt 3: Sie machen »Loslassen« zu ihrer produktiven Neuaufgabe.

Jedes zurückgewonnene Stück Freiheit lässt sich für etwas anderes nutzen. Meine Freunde, Hobbys oder meine berufliche Zukunft warten schon darauf. Es hört sich seltsam an, aber langsam muss ich selbstständiger werden und Schritt für Schritt auch schon mal ohne meine Kinder zurechtkommen. Die beiden werden schließlich nicht ewig parat stehen, um mich mit Nestwärme zu versorgen.

Doch wozu genau will ich das neue Stückchen Freiheit nutzen? Nun ja, es gibt unendlich viele Möglichkeiten. Katja zieht es in die Politik, Evelyn macht ihr Jodeldiplom, und Nicole ist glücklich, dass sie endlich wieder mehr Zeit zum Malen findet. Sie malt übrigens sehr gut. Vielleicht treffen sie und ich uns in ein paar Jahren auf ihrer Ausstellungseröffnung mit dem Titel »Hilfe, mein Kind wird groß«. Wenn wir dann gemütlich bei Sekt und Fingerfood beisammenstehen, wird das Stechen in meiner Brust vermutlich nachgelassen haben. Es gibt ja auch wirklich Schlimmeres als selbstständige Kinder. Unselbstständige zum Beispiel.

Verändern Sie die Welt

Heute kommt schon wieder nichts Gescheites im Fernsehen. Inzwischen empfangen wir sechsundzwanzig Kanäle, und trotzdem ist das Programm höchstens für soziologische Studien zu gebrauchen. Auf RTL II bringen die Mütter der Nation nämlich rührselig, aber wirkungsvoll ein ganzes Dorf dazu, das Haus der vom Schicksal gebeutelten Familie Klein zu renovieren. Andere helfen übergewichtigen Jugendlichen beim Abnehmen oder informieren uns über Hautkrebsrisiken. Für echte Kerle, so ergibt meine Studie heute Abend, sind solche Sentimentalitäten natürlich nichts. Die erklären uns lieber auf DMAX, wie man aus einem Rasenmäher ein Fun-Speed-Gefährt baut, das den CO_2-Ausstoß eines Mittelklassewagens hat. Halten Sie das für einen Zufall?

Mütter beweisen nicht nur im Fernsehen Organisationstalent und emotionale Intelligenz. Sie freuen sich mehr über den heiß erkämpften vierten Platz beim Völkerballturnier als über den guten Tabellenplatz des VfB Stuttgart.

Mütter wissen eben, worauf es im Leben ankommt.

Weshalb diese Fähigkeiten trotzdem so wenig beachtet werden? Weil Frauen wie Sie, Gott sei Dank, nicht Paris Hilton sind. Statt Ihre Zeit mit übertriebener Imagepflege zu verschwenden, fahren Sie lieber mit Oskar und Konstantin zum Logopäden. Es wäre allerdings jammerschade, wenn wir Mütter den Klimaschutz, den Weltfrieden und die Einweihungsparty unserer besten Freundin so gänzlich andern überließen.

Glückliche Mütter versuchen, die Welt zu verändern.

Wenn wir es nicht tun, machen es nämlich die Fun-Sport-Herren von DMAX. Dann müssen wir uns nicht wundern, wenn demnächst an jeder zweiten Ecke eine E-Plus-Filiale eröffnet und der Waldkindergarten einem Baumarkt weichen muss. Keine Sorge, Sie müssen nicht gleich ein neues Betreuungsgesetz auf den Weg bringen. Kleine Dinge verbessern die Atmosphäre ebenso wirkungsvoll. Machen wir es uns also wieder einmal einfach:

- Sonja und ihr neues Baby brauchen Aufmunterung und den Tipp mit den Saab Simplex Tropfen.
- Schwer beladene UPS-Boten brauchen jemanden, der ihnen die Tür aufhält.
- Die Unfallstatistik braucht jemanden, der nüchtern und nicht schneller als 130 km/h fährt.
- Die vier atomfreien Stromanbieter unseres Landes brauchen Neukunden.
- Der erschrockene Junge im Supermarkt braucht jemanden, der »Macht ja nichts« sagt, wenn ihm das Glas mit der Erdbeermarmelade runterfällt.
- Und Ihre neue Kollegin, die versucht, Kind und Job zu

vereinbaren, braucht jemanden, der weiß, wovon die Rede ist und beim Chef Partei für sie ergreift.

Der sogenannte Sozialstaat braucht halt jemanden, der ihn noch ein wenig sozialer macht. Und dafür sind Mütter nun mal bestens geeignet.

Geben Sie Flugstunden statt Sicherheitsbelehrungen

In den meisten Horoskopen bin ich »Stier«. Im chinesischen Tierkreiszeichen wurde ich allerdings im Sternbild des »Angsthasen« geboren. Früher habe ich gelegentlich versucht, gegen meine astrologische Bestimmung anzugehen. Ende der achtziger Jahre beispielsweise hing an meiner Zimmertür die Postkarte »Du fragst mich, was soll ich tun? Und ich sage: Lebe wild und gefährlich, Artur«. Damals schien es wohlbehüteten Mädchen wie mir das attraktivste Lebensziel, bei Dunkelheit ins Freibad einzusteigen oder die Schule zu schwänzen, um mit meinem Freund zur Maueröffnung nach Berlin zu fahren.

Und heute? Lebe wild und gefährlich, Artur? Pustekuchen! Heute heißt mein Lebensmotto »Schnall deine Kinder auch auf Kurzstrecken an und erkundige dich vor dem Kauf eines Oberbettes nach dem Allergiker-Siegel«. Mittlerweile halte ich das für völlig normal. Mütter möchten ihre Kinder halt beschützen. Es ist mir ein natürliches Bedürfnis, den Nachwuchs davon abzuhalten, überalterte Leberwurst zu essen, vom Baum zu fallen oder sich den kleinen Finger mit dem Locher zu perforieren.

Manchmal beobachte ich mich dabei, wie ich meine Töchter in jeder neuen Situation als Erstes auf die möglichen Gefahren hinweise. Ich sage »Mach dies nicht«, »Mach das nicht« und »Sei dort besonders vorsichtig«. Allerdings komme ich mir langsam vor wie eine Stewardess, die ihre Schwimmwesten vorführt, ohne dass auch nur ein einziger der gelangweilten Vielflieger von seiner Zeitung aufschaut. Meine Töchter stöhnen »Jajaaa…« und stürzen zum nächstbesten Kletterturm. Seien wir ehrlich: Sicherheitsbelehrungen sind sehr fragwürdig.

Gibt es nicht etwas, das einfacher und effektiver ist? Mit dem Aufwand, mit dem allein die Deutsche Lufthansa Tag für Tag und Flug für Flug ihre allseits ignorierten Sicherheitshinweise ausgibt, könnte man locker einen zusätzlichen Ersatzpiloten ausbilden, der die Kiste im Notfall sicher zur Erde bringt.

Ziehen wir die Konsequenzen:

Geben Sie Flugstunden statt Sicherheitsbelehrungen.

Für Kinder ist es die beste Vorbereitung, wenn sie sich ausprobieren können. Eigentlich weiß ich das schon, seit ich »Ronja Räubertochter« gelesen habe. Erinnern Sie sich an die Szene im ersten Teil, in der ihr besorgter Vater sie davor warnt, in den reißenden Fluss zu fallen oder in den sogenannten »Höllenschlund« zu stürzen? Statt ängstlich zu sein und in der geschützten Steinhalle vor dem Feuer mit Barbie-Puppen zu spielen, springt Ronja fleißig auf den rutschigsten Steinen am Flussufer und in schwindelerregender Höhe am Abgrund herum: »Schließlich konnte sie sich nicht im Wald davor hüten, in den Fluss zu plumpsen«, heißt es in dem Buch. »Sollte das Sich-Hüten überhaupt von Nutzen sein, dann musste sie es bei den Stromschnellen und Strudeln und nirgendwo sonst üben.«

Eine wunderschöne Geschichte. Inzwischen ist der Mattiswald längst einem Golfplatz gewichen, und am Höllenschlund schützt ein Geländer die zahlenden Touristen vor Unfällen. Jens sagt: »Schweden ist eh zu teuer. Es gibt nichts, worin sich unsere Töchter nicht auch zu Hause erproben könnten:

- Lass die kleinen Räuber am Hochbett hangeln und melde sie beim Turnverein an.
- Kontrolliere nicht jeden Regenwurm, den Josefine sich als Mutprobe in den Mund steckt.
- Ermutige deine Töchter lieber, in der Öffentlichkeit den

Mund aufzumachen (sobald er wieder frei von Regenwürmern ist), statt ihre Schüchternheit süß zu finden.

- Lass die Kinder Fehler machen. Die sind mehr wert ist als kistenweise Beutegold.
- Übe mit ihnen, sich Hilfe zu suchen. Sag, dass es ein Zeichen von Stärke ist, jemanden um etwas zu bitten.
- Und vor allem, sag nicht wieder: ›Siehste, das kannst du nicht!‹, wenn Frieda noch einmal versuchen sollte, ein Überraschungsfrühstück zu machen, sondern lieber: ›Du bist auf dem Weg, es irgendwann zu können.‹«

Jens hat Recht, der Alltag ist nun mal gefährlich. Das ganze Leben ist voll mit Küchenmessern, Balkonbrüstungen und Flüssigkleber. Irgendwann bekommt jeder sie zum ersten Mal in die Hände. Da wäre es doch vernünftig, wenn ich als Mutter mit dabei wäre, oder? Je bereitwilliger wir die Kinder dabei unterstützen, gefährliche Dinge auszuprobieren, desto kleiner ist für sie der Reiz, es heimlich zu tun. Helfen Sie Ihren Kindern, selbst auf sich aufzupassen. Schließlich können sogar Mütter nicht überall sein.

Halten Sie die Grenzen heilig

Eigentlich ist meine Nachbarin ja ganz nett. Sobald jedoch das Thema auf ihre Kinder kommt, wird sie etwas nervig. »Natürlich werden unsre Jungs später die Reinigung übernehmen«, betont sie bei jeder Gelegenheit. Schließlich seien die zwei ihr »Fleisch und Blut«, und Sauberkeit sei den Hellmanns nun einmal mit in die Wiege gelegt worden.

Nicht nur biologisch gesehen ist das der absolute Blödsinn. So sehr ich Ludger und Sebastian die Wäscherei gönne: Kinder sind ihr eigen Fleisch und Blut. Sie sind zu jeder Zeit zwei eigenständige Menschen und haben ihre eigenen Grenzen.

Diese Grenzen unserer Kinder sind tatsächlich von Geburt an da. Was Jungen und Mädchen allerdings noch entwickeln müssen, ist ihr Gefühl für diese Grenzen. Weil sie sich selbst gerade erst kennenlernen, sind sie besonders verletzlich, was fehlenden Respekt und Grenzüberschreitungen angeht. Deshalb ist der folgende Satz so wichtig:

Achten Sie die Grenzen Ihres Kindes.

Die Privatsphäre einer Sechsjährigen beispielsweise ist größer, als man denkt. Mein Verhalten sollte deutlich machen:

- **Dein Körper gehört dir.** Ich werde respektvoll mit dir umgehen und wachsam bleiben, wann dir etwas zu viel wird, egal ob beim Duschen, Kitzeln oder Haareflechten. Auch wenn es um lange Autofahrten oder groß angelegte

Geburtstagspartys geht, muss ich darauf achten, wo die Grenzen deiner Belastbarkeit sind.

- **Deine Langeweile gehört dir.** Wie sollen Kinder sich ausprobieren und ein Gefühl für sich entwickeln, wenn Eltern jeden Anflug von Langeweile in einem neuen Kinderkurs ersticken? Sich selbst kann man nur kennenlernen, wenn man auch mal mit sich alleine sein darf.
- **Deine Geheimnisse gehören dir.** Es ist dir unangenehm, danebenzustehen, wenn ich Passanten eine amüsante Anekdote über dich erzähle. Und wenn du mir etwas im Vertrauen erzählt hast, darf ich die Erzieher nicht gegen deinen Willen darauf ansprechen.
- **Deine Sympathien gehören dir.** Du darfst frei darüber entscheiden, wem du Nähe und Vertrauen schenkst. Auch Eltern müssen fragen, wenn sie an deinen Gedanken und deinem Leben teilhaben wollen. Sogar ständig gelobt und bewundert zu werden, kann nerven. Nähe ist kein Elternprivileg, sondern nur eine Option!

Wenn meine Kinder merken, dass ihre Grenzen auf diese Art und Weise geachtet werden, sind sie auch viel eher bereit, andere Menschen rücksichtsvoll zu behandeln. Ihre Mama zum Beispiel.

Lassen Sie sie wiederkommen

Frieda ist der Nasenbär in unserer Familie. Überall steckt sie ihre Nase hinein, an allem wird erst mal geschnüffelt, und einen Pulli, der nach kaltem Zigarettenrauch riecht, würde sie nicht einmal dann anziehen, wenn er rosa wäre. Schon als Kleinkind brauchte Frieda in schwierigen Momenten immer ihr Schnuffeltuch. Der Ausdruck »Schnuffeltuch« mag in Ihren Ohren nach irgendeiner flauschigen Frotteedecke klingen, aber in Wahrheit bevorzugte sie eines meiner getragenen Nachthemden. Deshalb war ich in der Regel auch nicht so begeistert davon, wenn sie ihr geliebtes Stück zum Einkaufen oder zu Besuchen mitschleppte. Na ja, damals war sie halt noch klein.

Inzwischen kann Frieda alleine bei den Nachbarn klingeln, Fahrrad fahren und sogar das 49-Teile-Puzzle vom kleinen Maulwurf legen. Die Kinderärztin sagt, sie entwickelt sich sehr gut. Das beruhigt mich als Mutter natürlich. Alles Leben auf diesem Planeten ist nun mal darauf ausgelegt, sich selbst und seine EDV-Programme stetig weiterzuentwickeln. Ich bin stolz auf Frieda, und ihre Baby-Marotten hat sie sich inzwischen natürlich längst abgewöhnt. Das dachte ich zumindest.

Doch dann fand ich letzten Donnerstag mein Nachthemd nicht, und bei einem Blick ins Kinderzimmer sah ich Frieda selig mit der Nase darin vergraben. Ein Rückfall. Von einem Tag auf den anderen ist der Nasenbär zurück. Mein Nachthemd kommt mit vor den Fernseher, und Frieda schleppt es sogar mit zum Spielplatz. Sie sieht dann in etwa so aus, als sei sie gerade auf dem Weg zum Trockenboden und nicht zum Karussell.

Natürlich ist die Nachtwäsche auch heute mit dabei, als wir zum Geburtstag meiner Mutter fahren. Diesmal ist es mein rotes Big-Shirt. So viel Signalfarbe bleibt beim Festtagskaffee nicht lange unbemerkt. »Was willst du denn noch mit so einem Tüchi?«, hilft Mamas Nachbarin, Frau Tellstedt, mir beim Erziehen. Tante Hanne pflichtet ihr bei: »Du bist doch kein Baby mehr.« Und meine Mutter fragt mich beim Abschied an der Haustür besorgt: »Was ist denn mit dem Kind los? Gibt's Probleme in deiner Ehe?«

Puh … Eigentlich fände ich es ja auch besser, wenn Frieda die ewige Schnuffelei lassen würde. Noch mehr wäre mir allerdings daran gelegen, dass nicht gleich ein Staatsakt daraus wird, wenn mein Kind sich gelegentlich mit einem Shirt seiner Mutter tröstet.

Frieda ist schließlich kein Einzelfall. Bei jedem Fortschritt gibt es auch mal einen Rückschritt. Da gibt es Babys, die plötzlich doch nicht mehr durchschlafen, Sechsjährige, die sich in Gegenwart ihrer besten Freundin plötzlich an Mamas Hand klammern, und Vierjährige, die ihr heißgeliebtes altes Dreirad wieder aus dem Keller holen wollen.

Bei Tante Hanne haben diese Rückschritte dann gleich etwas von einer Niederlage, so als habe es den zuvor von allen bejubelten Fortschritt des Kindes gar nicht gegeben. Entwicklung ist nun mal keine Einbahnstraße! Menschen wollen sich verändern, hängen aber auch am Alten und Vertrauten.

Nicht einmal der Porsche Boxster kommt ohne Rückwärtsgang aus. Gönnen Sie Ihren Kindern die natürlichen Entwicklungspausen.

Wenn sie sich zutrauen, Neuland zu betreten, müssen sie auch wieder zurückkommen dürfen. Und zwar ohne hochgezogene Augenbraue »Dafür bist du doch schon zu groß…«. Die Welt meiner Kinder ändert sich ständig. Gerade noch war Frieda die Kleine an Papas Hand, und plötzlich fährt sie auf dem 12-Zoll-Rad zum ersten Mal alleine zum Kiosk. Nach so einem großen Schritt auf fremdes Terrain sehnt Frieda sich offensichtlich danach, erst einmal zu vertrauten Gewohnheiten zurückkehren zu dürfen, frei nach dem Motto: »Ups! Was war denn das? Das schaue ich mir erst mal vom sicheren Festland aus an.« In diesem Fall handelt es sich beim Festland nun mal um ein rotes Damen-Nachthemd.

Erwachsenen geht es nicht viel anders. Als Jens seinen neuen Job angetreten hat, kam er am ersten Abend ziemlich geschafft nach Hause. Er hatte seine neuen Kollegen kennengelernt, das neue Computerprogramm unter die Lupe genommen und sich in die Bedienung der Kaffeemaschine einweisen lassen. Das alles hatte ihm prima gefallen (besonders der Milchaufschäumer), aber so viele Neuigkeiten sind nun mal auch anstrengend. Nach Feierabend war er deshalb heilfroh, als er den Anzug und die neuen Schuhe ausziehen und erst einmal wieder in seine eingelatschten Hausschuhe schlüpfen konnte.

Mir hilft es zu wissen, dass es entwicklungspsychologisch ganz normal ist, dass Kinder etwas können, dann nicht mehr können, und erst wenn sie es dann *wieder* können, dann können sie es richtig. Wenn wir sie zurückkommen lassen, reicht ein kurzes Auftanken am Schnuffeltuch, und schon überwiegt wieder die Neugierde aufs Leben.

ÜBERSTUNDEN UND GOLDENE LÖFFEL

Legen Sie heute
die Regeln
und Werte von
morgen fest

Warum wir über Kinder reden müssen, wenn es um die Mütter geht

Ist es nicht klasse, sich selbst mal von Kopf bis Fuß zu verwöhnen? Doch der Egoismus einer Mutter stößt schnell an seine Grenzen. Welche Frau kann schon die Massage genießen, wenn sie weiß, dass ihr Sohn währenddessen von den Nachbarjungs verkloppt wird? Und welche Mama entscheidet sich tatsächlich für den Logenplatz in der Oper, wenn ihre Tochter sie in der feuchtheißen Schwimmhalle bei ihrer Seepferdchen-Prüfung braucht? Wenn es den Kindern gut geht, geht es auch der Mutter gut. Wir können nun mal nicht aus unserer Haut.

Deshalb lesen Sie in diesem Buch für Mütter auch so vieles über Frieda und Josefine. Meine Kinder sind nämlich in einem sehr wichtigen Lebensabschnitt. Im Gegensatz zu früher lernen die zwei nicht mehr nur Sprechen, Laufen und Durchschlafen, sondern Moralvorstellungen und zwischenmenschliche Spielregeln. Deshalb ist gerade *jetzt* der beste Zeitpunkt, mich darum zu kümmern, falls ich in fünfzehn Jahren …

- freundlich und nett behandelt werden will,
- noch etwas anderes tun möchte, als anderen Familienmitgliedern Joghurtbecher und schmutzige T-Shirts hinterherzuräumen
- will, dass meine Kinder »Privatsphäre« nicht für eine Kaffeesorte oder für einen galaktischen Planetennebel halten,

- von Josefine erwarte, dass sie mit ihrem Geld auskommt
- will, dass Frieda mit ihrer großen Liebe glücklich wird, weil sie gelernt hat, über Gefühle und Probleme zu sprechen

Es gehört zurzeit zu meinen wichtigsten Aufgaben, die Familien-Regeln festzulegen, denn andersherum gilt genauso: Wenn es der Mutter gut geht, kann sie am besten dafür sorgen, dass es auch den Kindern gut geht.

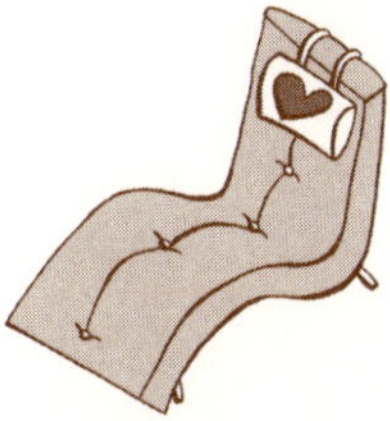

Jeder gibt sein Bestes

Heute ist mein Geburtstag, aber von Festtagsstimmung kann keine Rede sein. Mein Optimismus scheint sich zur Feier des Tages freigenommen zu haben. Schon vormittags weigert sich Frieda plötzlich, beim U9-Termin den Mund aufzumachen. Dabei quasselt sie sonst so bedingungslos, dass ich regelmäßig hörsturzgefährdet bin. Anschließend im Supermarkt ist die Kräuter-Bionade für meine Grillparty ausverkauft. Und offensichtlich hält es nicht einmal meine beste Freundin Anne für nötig, mich anzurufen, um mir zu gratulieren.

Als ich nach Hause komme, sitzt Jens seelenruhig da und liest in seiner Computerzeitung. »Du wolltest dich doch um den Kartoffelsalat kümmern«, blaffe ich ihn an. »Ja, ja, ich geb mein Bestes«, verteidigt er sich. Aber genau das ist es, was ich ihm nicht abnehme. Der Mann hat heute immerhin schon Frühsport, Frühstück, seinen Job und zwei Überstunden gemacht. Wer so leistungsstark ist, der wird sich doch auch noch zu einer läppischen Salatmayonnaise aufraffen können, oder nicht?

Grollend lege ich erst einmal die Würstchen in den Kühlschrank und mich selbst in die Badewanne. Nirgends sonst lässt sich so gut nachdenken: »Warum machen wir alle nur etwas Mittelmäßiges, obwohl es doch so leicht scheint, es besser zu machen?«

- Warum zickt Frieda schon wieder so rum?

- Warum raucht Carsten trotzt seiner Erkältung so viel?

- Warum passt Josefine in der Schule nicht besser auf?
- Warum bin ich gestern Abend doch wieder erst nach »Spiegel TV« ins Bett gegangen?
- Warum kümmern wir uns nicht endlich um eine günstigere Versicherung?
- Warum habe ich diese verdammte Quittung nicht aufbewahrt?
- Warum lässt Jens immer das Licht im Bad brennen?

Warum tun Menschen so oft das Falsche, obwohl es so einfach scheint, das Richtige zu machen? Eingehüllt in Badeschaum muss ich mir eingestehen: Wir können nicht anders. Wir würden gerne perfekt sein, sind es aber nun mal nicht. Mit böser Absicht hat das wenig zu tun. Ich kann deshalb, ohne zu übertreiben, davon ausgehen:

Jeder gibt (mir) sein Bestes.

Ein paar Menschen haben es erfahrungsgemäß besonders schwer, vor meinem kritischen Auge zu bestehen:

- **Die Erzieher meiner Kinder.** Wie stellen Jens und ich uns die Betreuer unserer Kinder denn vor? Natürlich sollen sie nett und freundlich sein, ganz logisch. Und immer geduldig. Sie sollten gründlich sein, aber nicht penibel. Perfekt sein, aber dennoch menschlich bleiben. Die

Lehrerin unserer Tochter gibt sich alle Mühe, unsere Erwartungen zu erfüllen. Letzte Woche hat sie eine Lesenacht im Klassenraum organisiert und eine Fortbildung zur Pisa-Studie besucht. Wenn sie allerdings einmal vergisst, die Hausaufgaben zu kontrollieren, runzeln wir Eltern unzufrieden die Stirn. Was soll sie machen? Sie gibt ihr Bestes.

- **Mein Mann.** Frieda und Josefine sind felsenfest davon überzeugt: »Unser Papa kann einfach alles.« Leider stimmt das nicht. Selbst die liebevollsten Väter und Partner kommen mal zu spät oder können sich abends nicht mehr motivieren, die Wäsche aufzuhängen. Erstaunlich, aber wahr: Unsere Männer geben tatsächlich ihr Bestes.
- **Meine Kinder.** An manchen Tagen machen mich Friedas Launen wahnsinnig. Dann lässt sie sich wie zufällig vom Stuhl fallen, ärgert pausenlos andere Kinder, nörgelt und bockt. Ich denke angesäuert: »Grrrr, das macht die doch extra!« Doch Frieda will mich gar nicht ärgern. Ihr Verhalten sagt vielmehr: »Mama, ich hatte Streit mit meiner Freundin. Jetzt bin ich überfordert und überreizt und weiß nicht, wie ich mich entlasten kann. Ich kann nicht anders. Hilf mir.« Sie und Josefine sind die tollsten Kinder, die ich kenne. Doch nicht einmal von ihnen kann man Wunder erwarten. Sie geben ihr Bestes.

Einen Tag nach meinem Geburtstag klingelt übrigens das Telefon. Es ist Anne. Sie gratuliert mir herzlich und sprudelt dann glücklich los: »Es ist prima gelaufen. Heute werden noch die Details besprochen, und dann geht's heim. Ich habe schon solche Sehnsucht nach Anton und Jasper!« In dem Moment fällt mir siedend heiß ein, dass Anne sich zu meinem Geburtstag nicht gemeldet hat, weil sie gestern einem Schweizer Kunden ihre Entwürfe vorlegen sollte. Monatelang hatte sie auf diesen Termin hingearbeitet. »Hoffentlich denkt sie nicht, dass mir nichts an ihr liegt«, schießt es mir sofort durch den Kopf, denn das Gegenteil ist der Fall. Weiß der Himmel warum, aber in meinem Selbstmitleid über die fehlende Bionade habe ich ihre wichtige Präsentation schlichtweg vergessen. Das entspricht wirklich nicht dem Bild, das ich gerne von mir hätte. Beschämt muss ich mir eingestehen: »Ich gebe mein Bestes, auch wenn das Beste manchmal viel weniger perfekt ist, als ich es eigentlich von mir erwarte.«

Selbst Mütter können nicht mehr als ihr Bestes geben.

In Cappuccino sagen sich die Frauen: »Die Erziehung eines Kindes ist wie das Abdichten ein Flachdaches.« Während wir noch dabei sind, die eine Schwachstelle zu flicken, leckt es bereits ganz woanders. Wenn ich Frieda das große Eis trotz ihrer Quengelei nicht kaufe, wird sie mir später einmal meine Hartherzigkeit vorwerfen. Wenn ich nachgebe, wird sie stattdessen meine fehlende Charakterstärke beklagen. Was soll's also? Mühe geben sich Mütter sowieso schon von Natur aus, egal ob ihre Erziehungsmethoden eher an Mutter Beimer als an die Super Nanny erinnern.

Oma sein dagegen sehr ...

Ich schaue zusammen mit Frieda und Josefine die Fotoalben aus meiner Kindheit an. »Auf diesem Bild habe ich gerade Fahrradfahren gelernt«, erzähle ich ihnen. Josefine betrachtet verwundert das Bild und fragt: »Ohne Helm?« Ein paar Seiten später stoßen wir auf alte Urlaubsbilder. »Da sind wir gerade unterwegs nach Spanien«, sage ich stolz, aber Josefine ist wieder unzufrieden mit mir. »Ohne Anschnallen? Und wo sind eure Kindersitze?« Schnell blättere ich weiter. Doch nun kommen die Bilder vom völlig vollkornfreien Frühstück und vom blau verqualmten Wohnzimmer an Heiligabend. Deshalb klappe ich das Fotoalbum hastig zu und sage: »Was haltet ihr davon, wenn ihr jetzt mal draußen spielen geht?« Widerwillig trollen sich meine Mädels zu Anne und Zoë auf den Innenhof, und ich kann mir ungestört noch einmal die Szenen meiner Kindheit vornehmen: Die gelbstichigen Bilder zeigen ungesicherte Treppenaufgänge, Cola trinkende Kleinkinder, die alte Asbestverkleidung im Kinderzimmer und meine Mutter beim Vorlesen des grausamen Struwwelpeter-Buches.

Mein Gott, haben unsere Eltern denn alles falsch gemacht?

Doch selbst wenn es so wäre, dass sie damals eine Menge Fehler gemacht haben, kann ich das nachempfinden, seit ich selbst Kinder habe. Jetzt kenne ich diese verhexten Situationen auch, in denen ich meinen Kindern gegenüber ungerecht bin oder mich aus Müdigkeit und Bequemlichkeit nicht dazu aufraffen kann, sie noch ein drittes Mal ans Zähneputzen zu erinnern. So gesehen haben vermutlich auch meine Eltern damals ihr Bestes gegeben.

Neuerdings grüble ich, welche Vorwürfe ich wohl selbst einmal zu hören bekomme, wenn Frieda und Josefine erwachsen sind: »Warum, um Himmels willen, habt ihr uns draußen spielen lassen, statt die Zeit zu nutzen, um uns mit dem Computer vertraut zu machen? Wie konntet ihr es zulassen, dass unsere Wohnung keinen Elektrosmog-Filter hatte? Und wie rückständig muss man sein, um Mädchen rosa anzuziehen. Ich bitte dich, Mama. Das müsst ihr doch schon gewusst haben.« Auweia!

Mein Tipp lautet daher:

Beurteile deine Eltern mit der gleichen Nachsicht, mit der du später von deinen Kindern behandelt werden willst.

Es lohnt, sich mit den eigenen Eltern zu verstehen. Sie sind schließlich nicht nur meine Eltern, sondern auch die Großeltern meiner Kinder. Oma und Opa gehören fest zu ihrer Lebensgeschichte. Schon deshalb komme ich eh nicht drum herum, zu ihnen Stellung zu beziehen.

Ich werde es mir an dieser Stelle etwas einfacher machen und statt von »Großeltern« nur von den »Omas« sprechen. Das Thema sorgt für Stolz und Freude, aber auch gelegentlich für Ärger. Unseren Müttern gegenüber werden wir vermutlich immer sensibler, kritischer und anspruchsvoller sein als anderen Frauen gegenüber. Ich muss zugeben, dass es unsere Eltern da manchmal wirklich nicht leicht mit uns haben.

Doch dass es zu Vorwürfen, Streit oder unterschwelligem Zähneknirschen kommt, liegt nicht ausschließlich an der Empfindlichkeit der Mütter. Es liegt auch daran, dass es die Omas gelegentlich an Respekt fehlen lassen. Sie akzeptieren die Grenzen und das Erwachsensein ihrer Kinder nicht.

In mir steigen Unverständnis und Ärger auf, wenn ich mitbekomme, wie ungeniert und rücksichtslos einige Frauen über die Bedürfnisse ihrer erwachsenen Töchter hinwegfegen. Von sich selbst überzeugt, tönt beispielsweise die Mutter meiner Freundin Sandra in die Gegend: »Ach was, meine Tochter hat da nichts zu melden. Auf die höre ich nicht. Mamas müssen erziehen, Omas dürfen verwöhnen.« Und schon drückt sie ihrem einjährigen Enkel eigenmächtig die gezuckerte Trinkschokolade ins Händchen. Muss man sich da wundern, dass Sandra beim nächsten Mal lieber den bezahlten Babysitter anruft?

Zum guten Verhältnis zwischen den Generationen müssen beide Seiten etwas beitragen. Das Argument von Sandras Mutter »Lass mich mal ran. Ich habe schließlich schon Kinder gewickelt, da hast du noch Windeln getragen!« gilt nicht.

Jede Generation darf neu bestimmen und tun, was sie für zeitgemäß hält. Es ist ein schwieriger Lernprozess für alle, und ich weiß es zu schätzen, dass sich meine eigenen Eltern inzwischen selbstkritisch darauf eingelassen haben.

Ja, Sie dürfen das Oma-Verhältnis nach Ihren Bedürfnissen gestalten!

Wie kann das aussehen? Na, zum Beispiel so:

- **Bleiben Sie erwachsen.** Steigen Sie nicht darauf ein, wenn Ihre Mutter beispielsweise Ihre Wünsche nicht ernst nimmt. Reagieren Sie nicht bockig und trotzig wie ein Kind, sondern erwachsen: Bestehen Sie möglichst ruhig auf dem, was Ihnen wichtig ist. In Ihrer eigenen Familie bestimmen ausschließlich Sie und Ihr Partner selbst, und nur wer das respektiert, ist willkommen. Ziehen Sie die Konsequenzen, wenn Großeltern sich wiederholt grob über Ihre Wünsche hinwegsetzen, zum Beispiel wenn die Kleinen dort ungeeignete Sendungen sehen dürfen.
- **Bleiben Sie realistisch.** Benennen Sie Ihre Wünsche, aber bleiben Sie auf dem Boden. Was ist das Wichtige? Und welches sind die Punkte, bei denen Sie Kompromisse machen können? Sie können eh nicht jeden Handgriff kontrollieren. Gestehen Sie Ihrer Mutter zu, dass sie ihren eigenen Stil hat, mit den Enkelkindern umzugehen. Ist es so schlimm, wenn Ihre Kleinen mal etwas später ins Bett gehen oder ihnen ausnahmsweise alle Sachen hinterhergeräumt werden?
- **Lassen Sie die Kinder aus dem Spiel.** Verwechseln Sie Ihre Mutter-Tochter-Beziehung nicht mit der zwischen Oma und Enkel. Machen Sie deutlich: »Du darfst dein eigenes Bild und deine eigene Meinung von deinen Groß-

eltern haben.« Ihrem Kind muss die Tischdekoration Ihrer Mutter nicht genauso gut gefallen wie Ihnen. Andersherum muss es aber auch nicht genauso genervt sein, dass Ihre Mutter Ihnen schon wieder ins Wort fällt. Und auch, dass das Geburtstagsgeschenk wieder einmal drei Nummern zu groß ausgefallen ist, findet Ihr Sohn eventuell weniger tragisch als Sie.

Abschließend noch mal ein Wort an die Omas. Wie Sie hier Kaffeebraun auf Weiß lesen können, wünschen wir Mütter uns ein gutes Miteinander. Deshalb möchte ich Ihnen ein gut gehütetes Geheimnis anvertrauen:

Omas sind immer noch die Mamas ihrer Töchter!

Wenn Ihr Bedürfnis, andere zu verwöhnen, also wieder einmal besonders groß ist, dürfen Sie das auch jederzeit an Ihren eigenen Kindern ausleben. Nicht nur die Enkel, auch deren erwachsene Mütter genießen es gelegentlich, umsorgt und verwöhnt zu werden.

Kinder hören, was Sie denken, und nicht, was Sie sagen

Auch wenn Frieda noch nicht zur Schule geht, kann sie bereits lesen, was anderen auf der Stirn geschrieben steht. In Sekundenschnelle hat sie Stimmlage, Körperhaltung und Mimik analysiert und weiß, wie der Hase läuft. Ihr steht eine große Zukunft als Gedankenleserin bevor.

Wenn ich ihr zum Beispiel abends beim Zähneputzen sage: »Mach das schön gründlich! Zahngesundheit ist eine wichtige Sache«, dann feixt sie nur und glaubt mir kein Wort. Ihr ist

sonnenklar, dass ich nur darauf warte, mich augenblicklich im Wohnzimmer auf die Karamell-Pralinen zu stürzen, sobald sie im Bett liegt. Es ist halt nicht ganz einfach, eine Gedankenleserin zu erziehen, auch wenn die erst fünf Jahre alt ist. Kennen Sie das Problem? Folgt Ihr Nachwuchs auch nicht, wenn Sie ihm etwas sagen? Und wollen Sie wissen, woran das liegt?

Kinder hören nicht auf das, was Sie sagen, sondern auf das, was Sie denken!

Genau da liegt der Hase im Pfeffer. Unsere pädagogischen Reden stimmen halt nicht immer mit unserem Innenleben überein. Oft spricht der Lebensstil eine ganz andere Sprache. Der Punk in der Fußgängerzone sagt zu mir: »Mir ist alles egal«, und krault liebevoll seinen Hund. Der Siemens-Konzern sagt: »Integrität bestimmt den Umgang mit unseren Mitarbeitern«. Zwei Wochen später verlieren tausend von ihnen ihren Job. Und ich tröste Frieda: »Ich puste mal, und dann wird's gleich besser«, und denke: »Hoffentlich ist nichts gebrochen.« Nicht nur Kinder hören diese Widersprüche heraus.

Erziehung ist leichter, wenn wir glauben, was wir den Kindern erzählen.

Glauben Sie zu wissen, was Sie denken? Und was sagt Ihr Lebensstil dazu?

Genieße das Leben!	*oder*	Freu dich bloß nicht zu früh.
Du kannst echt stolz auf dich sein.	*oder*	Bild dir ja nichts darauf ein.
Was bin ich doch ein Glückspilz!	*oder*	Wenn es so leicht ist, muss irgendwo ein Haken sein.
Jeder Mensch möchte geliebt werden.	*oder*	Heutzutage denkt doch jeder nur an sich.
Unsere Kinder haben heutzutage ganz andere Möglichkeiten.	*oder*	Früher war alles besser.
Jeder ist seines Glückes Schmied.	*oder*	Ich bin machtlos.
Auf dein Gefühl kannst du dich verlassen, mein Kind.	*oder*	Kinder wissen noch nicht, was gut für sie ist.
Ich bin gespannt, was noch alles in dir steckt.	*oder*	Ich hoffe, dass wir mit dir nicht noch mal eine schlimme Überraschung erleben werden.

Apropos Überraschung. Irgendetwas stimmt nicht mit meinen Einkäufen. Mit fragender Miene trete ich ins Kinderzimmer. »Frieda? Wo ist denn das Überraschungs-Ei hin, das ich vor der Mittagspause auf den Kühlschrank gelegt habe?« – »Weiß nicht«, nuschelt meine Tochter beiläufig, ohne den Blick von ihrem Mandala zu nehmen. Doch man muss keine Gedankenleserin sein, um zu merken, dass sie nicht die Wahrheit sagt. Man sieht ihr an der Nasenspitze an, dass sie flunkert. Die ist nämlich ganz braun.

SECONDHAND UND TASCHENGELD

Du bist mir lieb, aber teuer

Rechnen Sie mit Barbiepuppen

Mein Nachbar Carsten geht für sein Leben gern auf den Flohmarkt. Er findet, da könne man so viel Geld sparen. Sagte ich eigentlich schon, dass Carsten kinderlos ist? Ich selbst war mit Frieda und Josefine das letzte Mal am Volkstrauertag auf dem Flohmarkt. Die beiden fingen auch prompt an zu jammern: »Kann ich das da haben?« – »Dürfen wir was kaufen?« – »Bitte, bitte, kaufst du mir die Stelzen?« – »Warum dürfen wir keine Pommes?« Eine Flut von Bitten und Fragen ergoss sich über mich. Spätestens auf dem Heimweg gab es darauf nur noch eine Antwort: Taschengeld!

Offensichtlich war es langsam an der Zeit, die Verantwortung für Eis am Stiel und Rubbelbildchen vertrauensvoll in die Hände meiner Töchter zu legen. Seit jenem Sonntag nehmen Josefine und Frieda nun jede Woche stolz ihr Taschengeld in Empfang.

»Damit könnt ihr machen, was ihr wollt«, sagt Jens zu unseren Töchtern, und zu mir gewandt ergänzt er: »Was soll's, es sind ja nur ein paar Cent.« Himmel, was ist dieser Mann leichtsinnig! Nicht umsonst sind heute so viele Menschen verschuldet. Buchhaltung und Anlagestrategien gehören schließlich nicht zu den angeborenen Reflexen einer Fünfjährigen. Da sollte man ihren ersten Erfahrungen mit eigenem Geld doch besondere Aufmerksamkeit schenken. Cappuccinos Finanzministerin betont daher auch:

Taschengeld ist pädagogisch unbezahlbar.

Deshalb ermöglichen die Cappuccinas ihren Kindern einen bewussten Einstieg in die Welt des Geldes:

- **Sie rechnen mit Barbiepuppen, Eiskugeln und anderen Sehnsüchten ihrer Kinder.** Das heißt, sie übersetzen abstrakte Zahlen in eine Währung, zu der ihre Kinder einen Bezug haben, indem sie ihrem bettelnden Kind beispielsweise vor Augen führen: »Diese Wilde-Kerle-Zeitschrift kostet so viel wie sechs Kugeln Eis.«
- **In Cappuccino gehören Belohnungen und Sparen immer zusammen.** Lange dachte ich, Sparen sei etwas für

Zeiten, in denen man wenig Geld habe, und Ausgeben sei etwas für die guten Phasen. Aber ist das logisch? Wie soll ich eigentlich noch etwas ansparen, wenn es eh schon eng wird? Es ist viel einfacher, sich in jenen Zeiten ans Sparen zu gewöhnen, in denen das Geld gerade nicht besonders knapp ist. In Cappuccino bekommen die Kinder ihr Taschengeld von Anfang an in zwei Teilen. Die eine Hälfte ist zum Ausgeben und gehört ins Portemonnaie, die andere kommt ins Sparschwein und wird nicht angerührt. Da die Kleinen von Anfang an daran gewöhnt sind, fällt es ihnen leicht zu sparen.

- **Sie entmachten ihre Kreditkarte.** Das meiste Geld, mit dem wir umgehen, ist unsichtbar. Kinder wissen noch nicht, dass es echtes Geld ist, das ich ausgebe, wenn ich der Kassiererin meine Ikea-Family-Karte hinüberreiche. Einige Erwachsene haben es übrigens ebenfalls noch nicht begriffen. Die fahren hin, um Kerzen zu kaufen, und kommen mit einer kompletten Küchenzeile zurück. Cappuccinas bevorzugen Geld, das sie sehen und anfassen können.
- **Sie reden im Alltag über Geld.** Sie reden darüber, dass die Marmeladen im Supermarktregal unterschiedlich viel kosten. Sie reden darüber, dass sich auch Erwachsene nicht alles kaufen, was ihnen gefällt. Sie erklären ihren Kindern, warum sie viel von Secondhand halten und an anderer Stelle sehr viel Geld für gute Qualität ausgeben.
- **Sie geben kein Geld aus, das nicht da ist.** Taschengeld-

kredite sind in Cappuccino streng verboten. Diese Regel hat mich anfangs erstaunt, denn eigentlich sind die Frauen dort sehr sparsam mit Verboten. Aber in puncto Schulden werden sie plötzlich ungewohnt unnachgiebig. Das Angebot: »Na gut, ich strecke dir das Geld für das Boot vor, aber du musst es in den nächsten Wochen bei mir abstottern«, werden Sie von klugen Müttern also nie hören. Kinder müssen aushalten, dass man sich bestimmte Dinge eben erst dann leisten kann, wenn man sie sich leisten kann.

Suchen Sie den zweiten Handschuh

Sie werden sicher schon davon gehört haben: Wir leben in einer Wegwerfgesellschaft. Diese Tatsache ist schließlich älter, als es die meisten meiner H&M-Shirts jemals werden. Handys, Kleidung, Kaffeetassen, fast alles lässt sich für wenig Geld auf dem Grabbeltisch neu kaufen.

Ich muss zugeben, dass es mir schwerfällt, »Nein« zu sagen. Es ist doch viel bequemer, ein paar Tiefkühlmöhren in die Mikrowelle zu stellen, als jedes Wochenende im eigenen Gemüsegarten zu schuften. Und warum sollte ich die alten Küchenstühle streichen, wenn mich ein paar neue aus schwedischer Massenproduktion nur das kosten, was ich sonst für die Farbe ausgebe? So wie die frisch geschlüpften Gänsekinder dem Verhaltensforscher Konrad Lorenz hinterhergetrappelt sind, laufe ich blind Sonderangeboten und Fertiggerichten nach. Ein klarer Fall frühkindlicher Prägung.

Doch manchmal merke ich, dass mir etwas fehlt. Dann sperrt sich etwas in mir dagegen, schon wieder Geld auszugeben, und seien es auch nur 50 Cent. Ich fühle mich müde bei dem Gedanken, schon wieder etwas Neues zu haben und nicht zu wissen, wohin mit dem ganzen Plunder, den keiner wirklich braucht. An solchen Tagen greife ich auf die traditionellen Übungen der alten Cappuccinas zurück. Sie erden mich und geben meiner Seele Bodenhaftung:

Übung Nr. 1: »Die Schatzsuche«

Heute suche ich den zweiten Handschuh meines Kindes. Ich durchforste die Fundsachenkiste im Kindergarten und frage auch bei Zoës Mama nach, ob er letzte Woche dort liegen geblieben ist. Schon bald höre ich eine Stimme in meinem Kopf stöhnen: »Was für ein Aufwand. Die Handschuhe sind drei Jahre alt und total zerschlissen. Das lohnt doch nicht für so einen alten Fetzen«. Mein abgeklärter Verstand rät, lieber ein neues Paar zu kaufen. Meine Seele jedoch möchte keinen schnellen Ersatz. Sie möchte den zweiten Handschuh wiederfinden und das befriedigende Gefühl genießen, wenn ich das vollständige Paar zurück in die Garderobe lege.

Übung Nr. 2: »Die Streicheleinheiten«

Ebenso kann es sich anfühlen, etwas zu reparieren oder bewusst zu pflegen. Heute putze ich meine Schuhe, nähe endlich den dritten Knopf wieder an oder wische die verdreckte Kinderregenjacke liebevoll mit Seifenwasser ab.

Übung Nr. 3: »Das Resteessen«

Heute koche ich ganz bewusst eine Mahlzeit aus Resten. Diesmal finde ich in den Küchenschränken zwei letzte Möhren, eine überreife Kiwi, den Reis von gestern und ganz hinten, hinter den Gurken, eine schon fast abgelaufene Tunfisch-Konserve. All das verwandle ich in ein Familienessen. Falls Ihnen zu Ihren Resten kein passendes Gericht einfällt, schauen Sie doch mal unter www.chefkoch.de/rezept-reste.php.

Übung Nr. 4: »Die Wechselstube«

Heute mache ich meinen fünfzehn Jahre alten Nachtschrank mit Hilfe einer Dose rotem Acryllack zum neuen Lieblingsstück im Kinderzimmer meiner Tochter. Oder ich stelle einfach mal die Möbel im Spielzimmer um, wenn der Nachwuchs sich langweilt, statt den großen Playmobil-Zirkus zu kaufen.

Haben Sie Lust auf gute Laune? Machen Sie ein Spiel daraus, manchmal auf etwas zu verzichten, und experimentieren Sie damit, wie Sie, ohne Geld auszugeben, fröhlicher und zufriedener werden können.

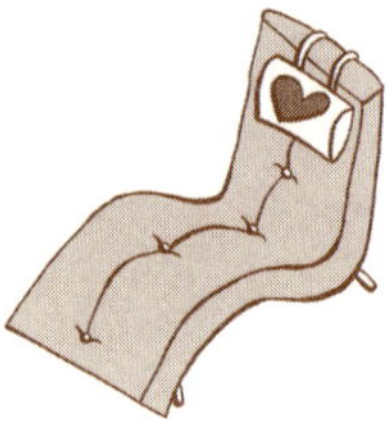

Sex statt Snickers

Selbstdisziplin hat mir noch nie besonders gefallen. Meine Kinder scheinen diese Abneigung geerbt zu haben. Aus irgendeinem unerfindlichen Grund fällt es den beiden nach der vierstündigen Autofahrt nämlich sichtlich schwer, ruhig an Tante Claudias Kaffeetafel sitzen zu bleiben. Nach dem ersten Stück Käsekuchen verschwinden sie lieber im Zimmer nebenan, um Piraten zu spielen, sich gegenseitig mit »Nimm 2« zu bewerfen und laut johlend in die Polstergarnitur zu fallen. Alles im Leben braucht einen angemessenen Ausgleich.

Disziplin braucht Ekstase!

Das geht nicht nur Frieda und Josefine so. Auch mir tut es gut, mal gehörig über die Stränge zu schlagen. Ich brauche Hochgefühle, schließlich nehme ich auch Tiefschläge hin. Ich brauche Leichtigkeit, schließlich beiße ich auch oft genug tapfer die Zähne zusammen. Es wird mal wieder Zeit, sich um dieses Bedürfnis zu kümmern. Sonst wird es sich auf andere Art und Weise seinen Weg suchen:

- Ich gehe kampfshoppen.
- Ich esse zu viel.
- Ich arbeite zu viel.
- Ich fahre zu schnell.
- Ich verfalle in Putzwahn.

Dabei habe ich doch schon oft genug die Erfahrung gemacht, dass Ersatz nicht viel bringt. Manchmal laufe ich zum Beispiel durch die Stadt und merke, dass ich schlecht gelaunt bin. Dann überkommt mich das Gefühl, mich unbedingt belohnen zu wollen, und schon sehe ich im Schaufenster diesen ausgeflippten Rock hängen. »Der sieht nach Sommerfest und guter Laune aus«, denke ich und greife trotzig zu.

Eigentlich will ich aber gar keinen Rock, der nach guter Laune aussieht, sondern gute Laune. Ich will eine Grillparty mit Sonnenschein und netten Freunden. Vor meinem geistigen Auge zeigen Frieda und Josefine den fröhlichen Besucherkindern das Planschbecken und spielen dann mit ihnen Vater-Mutter-Kind im Gartenhäuschen. Der Flieder blüht, und mein Mann schmiedet mit unseren Freunden Urlaubspläne. Entspannt nehme ich mir ein drittes Stück Grillfleisch und lausche der Musik. Erst spät verabschieden sich unsere Gäste, bevor Jens und ich flüsternd die schlafenden Kinder ins Bett tragen und… Ich fürchte, ich schweife ein wenig ab.

Aber gut. Immerhin habe ich jetzt einen neuen Rock. Doch das angenehme Gefühl währt nur kurz, zumal ich ein schlechtes Gewissen beim Gedanken an mein Bankkonto habe. Die Sehnsucht nach Hochgefühlen war einfach stärker als die Vernunft.

Sorgen Sie für gesunde Ekstase, damit Sie nicht an ungesunde Ersatzbefriedigungen geraten.

Schließlich gibt es noch Besseres als Sommerröcke & Co:

- Eine spontane Runde mit dem Rad drehen, statt stundenlang Formel 1 zu glotzen
- Aus voller Kehle das Lieblingslied im Autoradio mitsingen
- Gemeinsam lachen statt alleine zu rauchen
- Sex statt Snickers
- Tanzen gehen
- Oder sich an dem Gefühl berauschen, über den eigenen Schatten gesprungen zu sein. Die einen laufen dafür einen Marathon, anderen reicht es schon, die ekelige Spinne in den Garten zu tragen.

Geben Sie Ihren Kindern etwas, das wirklich satt macht

Der Mensch ist nicht für die Eintönigkeit geschaffen. An Kindern sieht man das besonders deutlich. Sie brauchen Input. Wo immer sie gehen und stehen, suchen sie nach neuen Herausforderungen. Für Kinder ist ein Stuhl beispielsweise kein Stuhl, sondern eine willkommene Gelegenheit, um irgendwo hinaufzuklettern oder ein Doppelstockbett für ihre Puppen daraus zu bauen. Fehlen diese Herausforderungen, dann fangen sie an zu quengeln. Das kann dann ganz schön anstrengend werden. Wenn ich mir anhöre, wie ausdauernd meine Kinder quengeln können, so scheint Mutter Natur das menschliche Bedürfnis nach Abenteuern und Abwechslungen ziemlich wichtig zu sein.

Eigentlich bewundere ich diese Energie. Als Frieda und ihre Freundin die Wartezeit im Gesundheitsamt sofort dazu nutzen, um auf den langen Fluren Autorennen zu spielen, bin ich fast ein wenig neidisch. Wie Ihnen das Beispiel mit dem Rock gezeigt hat, mangelt es mir in puncto »Abenteuer und Ekstase« nämlich etwas an Übung.

Deshalb fehlt es mir manchmal an Ideen, wenn ich Frieda und Josefine etwas Aufregendes bieten will. In den Sommerferien bin ich mir ihnen auf dem Rummelplatz gewesen. »Das ist doch alles nur reiner Kommerz dort«, meinte Belindas Mutter abfällig. Doch das kann ich nicht so stehen lassen. Man sage nichts gegen Kommerz! Manchmal kann es ziemlichen Spaß machen, sich in elektronischen Karussells, mit billigen Plastikfiguren und werbebedruckten Luftballons zu vergnügen. Nicht umsonst ist es eine unserer schönsten Weihnachtserinnerungen, als wir vor zwei Jahren morgens zum Frühstücken zu McDonald's gefahren sind. Die Kinder rannten zwischen den Tischen herum und spielten mit ihren Papphüten. Jens und ich saßen in geruhsamer Festtagsstimmung vor unseren Kaffeebechern und sahen ihnen dabei zu. Allerdings muss ich schon gestehen:

Kommerzielle Aktionen stillen den Abenteuerhunger nur kurz. Und dann quengeln die Kinder wieder.

In Cappuccino frühstücken trotzdem alle Mütter an Weihnachten bei McDonald's. Das ist bei ihnen eine selbstver-

ständliche Tradition. Keine der Frauen käme auf die Idee, sich ihren Kaffee nach der anstrengenden Vorweihnachtszeit selbst zu kochen. Die Kinder dortzulande freuen sich schon das ganze Jahr über auf die Schoko-Muffins, Rubbellose und den riesigen Müllberg aus eingeschweißten Marmeladenpäckchen. Für einen Tag im Jahr sind damit alle Beteiligten glücklich. An den restlichen 364 Tagen machen die Eltern ihren Kindern allerdings Angebote, die länger »satt« machen. Die Kinder der glücklichen Cappuccinas dürfen …

- neben der Spur laufen. Sie wandern querfeldein durch den Wald und über Parkplätze und nehmen mit Vorliebe kleine Nebenstraßen. Die spannendsten Sachen erlebt man erfahrungsgemäß doch immer dann, wenn man vom Weg abkommt.

- Wasserschlachten in der Badewanne veranstalten und mit 100 Dezibel kreischend unter dem Rasensprenger oder im Platzregen herumhüpfen.

- malen, malen, malen. Je größer, desto besser. Sie malen mit Kreide auf dem Bürgersteig, mit Wasserfarben auf alten Tapeten, mit der Gießkanne auf dem geteerten Hof oder mit Badewannenstiften auf dem Rücken der kleinen Schwester.

- mit Matsch und Dreck herumexperimentieren. Die Leute in Cappuccino sagen: »Es gibt keine dreckigen Kinder, es gibt nur die falsche Bekleidung.« Schließlich leben wir im Zeitalter der Waschmaschine.

- fast ganz alleine einen Kuchen backen. Ein anderes ihrer Sprichworte lautet nämlich: »Mit Essen spielt man nicht ohne Grund!« Es macht doch unheimlich viel Spaß, Muster in die Butter zu ritzen, Erdbeeren zu pflücken, Stockbrot zu machen und mit den Oliven ein Gesicht auf die Pizza zu legen.
- an ungewohnten Orten übernachten. Statt »Hotel des Grauens« zu gucken, schlafen sie im Zelt, in der Jugendherberge, auf der Luftmatratze im Wohnzimmer oder bei ihrem besten Freund.

Das ist Vollwertkost, die übrigens auch Erwachsenen gut bekommt. Sicher werde ich auch weiterhin Pommes bestellen, zum Beispiel wenn wir nach dem Wettschwimmen im Freibad vor Hunger umfallen. Oder wenn Jens und ich nach der durchtanzten Nacht auf der Hochzeit meiner Freundin auf dem Rückweg eine spontane Heißhungerattacke bekommen. Doch bei echtem Erlebnishunger weiß ich jetzt auch, was wirklich satt macht.

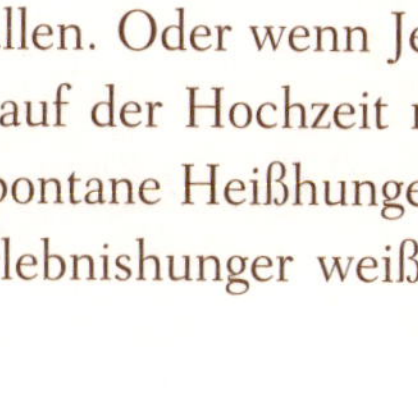

Genießen Sie Ihre Arbeit

Wenn ich beim Frühstück sage: »Heute arbeite ich wieder im Café«, weiß Jens, dass ich mir nachher meinen Laptop schnappe und zum Schreiben unter die Leute gehe. Als Schülerin meinte ich mit dem gleichen Satz meinen Job als Serviererin. Jeden Sonntag arbeiteten Anne und ich damals in einer kleinen Konditorei. Meistens hatten wir alle Hände voll zu tun. Manchmal hätte ich am Wochenende lieber frei gehabt, als mit Käsekuchen und Kaffee Hag zwischen den Bistro-Tischen zu jonglieren, doch was blieb mir übrig?

Um uns zu motivieren, entwickelten Anne und ich irgendwann den Ehrgeiz, unsere Arbeit trotz der Hektik möglichst gut zu machen. Wer von uns kreiert die schönsten Eisbecher? Wann fülle ich am besten den Kaffee nach? Haben wir noch einen Kinderhochstuhl für den Kleinen? Und wer kennt die Sonderwünsche der Stammgäste als Erster auswendig? Todmüde und erstaunlich zufrieden kamen wir nach solchen Schichten heim.

Im Sommer wurde es ruhiger. Dann machten selbst die Stammgäste einen großen Bogen um die heiße Innenstadt und tranken ihre Cola lieber im Freibad. Manchmal hatten wir stundenlang nichts anderes zu tun, als träge in »Das Goldene Blatt« zu blättern und den schleichenden Minutenzeiger zu beobachten. An solchen Nachmittagen war unser Lohn sauer verdientes Geld.

Die Erfahrung aus dem Café beeinflusst meine Einstellung zum Arbeiten bis heute. Ich weiß nicht, ob Sie berufstätig sind. Doch selbst wenn Sie überhaupt keinen Job wollen oder haben, bin ich mir ziemlich sicher, dass Sie als Mutter viel zu tun haben. Etwas, das uns so in Anspruch nimmt, sollte doch möglichst etwas sein, das uns Spaß macht. Ein Sprichwort in Cappuccino sagt deshalb:

> **Wer seine Arbeit genießen kann, hat die besten Chancen, ein glücklicher Mensch zu sein.**

Und weil nun mal nicht jeden Tag ein absoluter Traumjob auf uns warten kann, helfen mir ein paar Gedanken, meine jeweilige Aufgabe positiv zu sehen:

- **Arbeit gehört zum Leben.** Erwachsene müssen arbeiten und sich anstrengen. Das ist keine Zumutung, sondern ganz normal. Diese Tatsache dürfen auch der zukünftige Pilot und die Zirkusartistin in spe gerne miterleben.
- **Viel Arbeit zu haben ist schöner, als gar keine Arbeit zu haben.** Auch wenn es nicht immer ein Zuckerschlecken ist, den Abwasch, die Wünsche der dänischen Partnerfirma und Konrads Ringelröteln mit dem Schichtplan Ihres Arbeitgebers in Einklang zu bringen. Noch weniger würde es mir allerdings gefallen, wenn ich plötzlich von gar niemandem – weder privat noch beruflich – gebraucht würde. Als Mutter muss ich mir darum so schnell keine Gedanken machen.

Vor Kurzem rief mich Uli, eine alte Bekannte aus Dresden, an. Nach einem Jahr Elternzeit möchte sie gerne wieder arbeiten. Jetzt wollte sie von mir wissen, welche Lösung wir denn damals gefunden hätten, um beides miteinander zu vereinbaren. Zu ihrem Erstaunen antwortete ich: »Wir haben bis heute keine Lösung gefunden.« Was Uli bis dahin noch nicht wusste: Für die berufstätigen Mütter von heute gibt es noch keine Lösungen, sondern nur Kompromisse!

Zumindest ist das bei mir so. Seit sieben Jahren wurschtle ich mich irgendwie von einem Tag zum nächsten durch, improvisiere Einkäufe, Kinder, Mann und Abgabetermine. Oft genug verfluche ich die ständigen Kompromisse, und jeden zweiten Dienstag breche ich vor Erschöpfung in Tränen aus. Dennoch ist es für mich etwas Besonderes, und ich möchte nicht darauf verzichten, berufstätig zu sein, denn:

- Arbeit öffnet Türen. Ich genieße es, Einkommen zu erwerben und einen Teil dazu beitragen zu können, die Zukunft meiner Kindern abzusichern. Ich strenge mich gerne dafür an, ihnen möglichst viele ihrer Herzenswünsche erfüllen zu können. Und Arbeit bedeutet ja nicht nur Stress. Sie gibt mir das gute Gefühl, einen Platz im Leben zu haben und morgens zwischen acht und zwölf am Weltgeschehen teilnehmen zu dürfen.

In meinem Bekanntenkreis ist es inzwischen zum geflügelten Wort geworden, zu sagen: »Puh, ich bin so geschafft. Ich glaube, ich muss mal wieder mehr arbeiten gehen.« Während einige in der Runde dann verständnislos den Kopf schütteln, wissen die Mütter sofort, was gemeint ist.

Noch immer gibt es hierzulande keine vernünftigen Lösungen, wie sich Beruf und Familie vereinbaren lassen. Nicht zuletzt stelle ich mich diesem Stress gerade deshalb! Ich arbeite, organisiere, probiere herum, tausche mich mit anderen Müttern aus, und viel zu oft muss ich einsehen, dass ich wieder einmal in einer Sackgasse gelandet bin. Wozu der ganze Aufwand? Es ist die beste Art, um Erfahrungen zu sammeln, und mit etwas Glück finde ich dabei leichtere Wege, die ich meinen Töchtern für ihre spätere Lebensplanung vererben kann. Alleine dafür wird sich sämtlicher Aufwand gelohnt haben.

DIE LAUS AUF DER LEBER UND DAS KROKODIL UNTER DEM BETT

Erziehung
mit Gefühl

Fahren Sie ganz großes Kino

Manchmal erinnert man sich noch Jahre später an irgendeine kleine Randnotiz aus der Zeitung. Vor Jahren zum Beispiel habe ich etwas über die US-Astronautin Lisa Nowak gelesen, die sich in einen Kollegen verliebte. Obwohl der Mann nicht einmal ihre Gefühle erwiderte, wurde sie wahnsinnig eifersüchtig, als eine Bekannte von ihm auftauchte. Statt den vermeintlich untreuen Typen einfach zum Mond zu schießen, wie es andere Frauen und das NASA-Team gemacht hätten, griff sie die Nebenbuhlerin auf dem Parkplatz eines Supermarktes völlig hysterisch mit Pfefferspray an. Der NASA, die sich doch immer der Selbstbeherrschung ihrer Leute rühmt, war der Vorfall verständlicherweise ziemlich peinlich.

Aber das kommt davon, wenn wir Emotionen zu lange unterdrücken. So eine Wohnraumkapsel der ISS ist nun mal nicht länger als 13 Meter. Da ist für Gefühle kein Platz, und genau das kann offensichtlich gefährlich werden.

Wenn Gefühle nicht genügend Platz bekommen, werden sie irgendwann zum Problem.

Dabei ist es egal, ob Jens und ich uns gerade im All oder nur im Aldi herumtreiben. Unser Familienleben läuft besser, wenn gute und schlechte Stimmungen Raum bekommen. Warum auch nicht? Gefühle sind billiger als Premiere und gesünder als Schokolade. Außerdem würde ich, egal was ich tue, am liebsten immer alles richtig machen. Warum auch nicht?

- Ich ärgere mich? Na, dann aber richtig! Mit Türenknallen und heißen Wortgefechten, statt über Wochen alles in mich reinzufressen.
- Ich freue mich? Na, dann aber richtig! Mit Freudentränen, Umarmungen und einem herzhaftem Dankeschönkuss, statt nur verlegen herumzustehen.
- Ich wünsche mir etwas? Na, dann aber richtig! Mit Zielstrebigkeit und Leidenschaft, statt jahrelang nur zu jammern und mir einen halbherzigen Ersatz zu suchen.

Für alle Frauen, die sich gerade nicht in beengten Raumkapseln herumtreiben, gilt:

Das Leben ist einfacher mit großen Gefühlen.

Jens' Oma hat sich ein Telefon mit extragroßen Tasten gekauft, damit sie die Ziffern besser erkennt. Ebenso kann ich mit Eifersucht, Enttäuschung oder Ängsten besser umgehen, wenn sie groß und deutlich im Raum stehen, als wenn ich erahnen muss, dass den anderen etwas bedrückt. Deshalb gibt es Gefühle bei uns zu Hause jetzt im lesefreundlichen Großdruck:

- Wir begrüßen Papa mit Jubelgeschrei und Umarmungen, wenn er nach einer halben Stunde endlich aus dem Keller zurückkommt.
- Wir beerdigen feierlich das kleine Vogelkind im Garten und gehen anschließend zur Trauerarbeit in die Eisdiele.
- Wir fiebern der Niederkunft unserer Hündin so aufgeregt entgegen wie andere dem Fußballendspiel.
- Wir streiten uns bei »Paolo« so leidenschaftlich um das letzte Stück der Pizza Funghi, dass wir dort als »Landsleute« inzwischen Prozente bekommen.
- Und wenn wir uns bei einem Tiramisu dann wieder vertragen, sind wir beide so zerknirscht, dass Paolo uns problemlos mit dem Handfeger zusammenkehren könnte.

Seit wir uns daran gewöhnt haben, unsere Gefühle auszuleben, müssen Jens und ich zwar öfter neue Teller und Tempotaschentücher kaufen, aber dafür können sich alle in der Familie auch mal so richtig gehen lassen. Kein Zweifel, es lohnt sich.

Streiten Sie nicht ums Zähneputzen, wenn es um Untreue geht

Hätten Sie es Uwe Ochsenknecht zugetraut, dass er mir abends hilft, die Kinder ins Bett zu bringen, wenn Jens mal länger arbeitet? Nein? Ist aber so. Das Theater mit dem Zubettgehen ist ja ein weit verbreitetes Problem. Wie fast überall auf der Welt trödeln auch Frieda und Josefine abends gerne mal ein bisschen. Statt aufzuräumen und sich zu waschen, albern sie herum, ärgern sich gegenseitig und machen einen halbstündigen Staatsakt daraus, sich ihren Pullover auszuziehen. Vermutlich kommen Ihnen solche oder ähnliche Szenarien bekannt vor. Dieses Schneckentempo geht mir jedenfalls manchmal fürchterlich auf die Nerven.

Besonders streitanfällig ist das Zähneputzen. Deshalb versuche ich in der Regel, möglichst ruhig und bestimmt zu bleiben. Heute fällt mir das allerdings schwer, denn in einer halben Stunde will ich zu meiner heiß geliebten Yogastunde, und Jens ist noch nicht da. Offensichtlich trödeln heute nicht nur meine Kinder, sondern auch mein Mann lässt sich Zeit, nach Hause zu kommen. Da klingelt schon das Telefon. »Ich komme heute später, Schatz, sorry.« Enttäuscht kehre ich zurück ins Bad, wo die beiden Mädchen just dabei sind, sich übermütig mit Zahnpasta zu bespritzen. »Kann man euch denn nicht fünf Minuten alleine lassen?«, wettere ich los. »Die Gutenachtgeschichte ist für heute gestrichen.« Irgendwo will meine Enttäuschung hin, und der eigentliche Verursacher ist nun mal noch nicht zur Stelle. Deshalb bekommen die Kinder mein Donnerwetter ab, und wir spüren alle drei, wie schrecklich ungerecht das ist.

Statistisch gesehen streiten nur zwei Prozent der Menschen um das, worum es ihnen eigentlich geht. In allen anderen Fällen lassen wir unseren Ärger ersatzweise an unseren Kindern, Ehemännern, anderen Verkehrsteilnehmern und Sofakissen aus. Wenn ich diesen Gedanken weiterdenke, wird mir ganz anders. Könnte das bedeuten, dass Malta uns beim »Grand Prix« nur deshalb null Punkte gibt, weil es Probleme im Gesundheitswesen hat? Wäre es möglich, dass die unfreundliche Kassiererin beim Schlecker gar nichts gegen mich persönlich, sondern nur wieder ihre Migräne hat? Und wenn Uwe Ochsenknecht seine Söhne anschnauzt, dann nicht, weil sie beim Abendessen die wilden Kerle markieren, sondern weil er sich am Set über Katja Riemann geärgert hat?

Ich habe mir jetzt vorsichtshalber ein Bild von Uwe Ochsenknecht an den Badezimmerspiegel geklebt. Frieda behauptet steif und fest, das sei der Papa ihrer Freundin Emily. Doch abgesehen davon, läuft das Zähneputzen seitdem besser. Wenn ich wieder einmal kurz davor bin, irgendeinen Ärger an meinen Kindern auszulassen, wirft mir der Schauspieler einen mahnenden Blick zu. Dann pfeife ich mich selbst zurück und überlege:

Worum geht es eigentlich wirklich?

Lassen Sie Ihren Ärger nicht an den Kindern aus. Streiten Sie nicht ums Zähneputzen, wenn es um Untreue geht, und lassen Sie nicht ein Donnerwetter über den Saustall im Kinderzimmer los, wenn Ihnen eigentlich das nervige Verkehrschaos auf dem Nachhauseweg auf den Magen geschlagen hat.

Sterben passiert nicht nur im Märchenfilm

Ist das Thema »Sterben« nicht etwas unpassend in einem Ratgeber für junge Mütter? Es scheint fast so, denn in der Familienliteratur kommt es kaum vor. Meist geht es um kreative Spielideen, Vorlesegeschichten oder Feinmotorik. Das Thema »Tod« beschränkt sich in der Kinderbuchabteilung auf spezielle Titel, die im Laden dann auf den gesonderten Thementisch kommen. Eigentlich kann man Kindern solche Dinge nicht zumuten.

Schade, dass das Leben nicht auch so denkt. Sterben betrifft nicht nur Erwachsene. Auch im Leben unserer Kinder sterben völlig überraschend Großeltern, selbst gezogene Sonnenblumen, Haustiere, zu früh geborene Geschwister, Amseln, Mütter und Väter. Oft ist es ungerecht, wie das Leben mit dem Tod so spielt. Manchmal ist es schier unerträglich. Doch egal, wie sehr wir dagegen aufbegehren mögen – wir haben nicht die kleinste Chance, es zu ändern! Erwachsene können oft nicht anders mit dem Thema umgehen, als es zu ignorieren. Wir ziehen unseren Sohn schnell an der toten Taube vorbei und erzählen unserem Mann erst vom plötzlichen Kindstod in der Familie unserer Kollegin, nachdem die Kleinen im Bett sind. All das ist gut gemeint. Wir wollen ihnen diese harte Wirklichkeit ersparen.

Doch was machen wir da eigentlich? Wir lassen unsere Kinder mit dem Tod allein. Angst macht ihnen nicht die tote Taube am Straßenrand, sondern die Angst, die sie bei Erwachsenen spüren, sobald es ums Thema Sterben geht. Auf diese Weise verlieren schon die Kleinen ziemlich schnell ihre Unbefangenheit. Sie lernen, dass man hier besser keine Fragen stellt und dass Trauer und Verzweiflung sich in der Öffentlichkeit nicht gehören.

Üblicherweise zieht man sich von Trauernden zurück und wagt nicht, sie auf ihren Schmerz anzusprechen. Offiziell passiert das aus Rücksicht, aber ich persönlich kenne niemanden, der sich in schweren Zeiten über ein Zuviel an Ansprache beschwert hätte! Ganz im Gegenteil, Menschen fühlen sich in solchen Situationen schnell einsam, weil sie von anderen aus Unsicherheit gemieden werden und nicht offen darüber sprechen können, was sie bewegt. Auch wenn es Sie Überwindung kostet, zeigen Sie Courage und ändern Sie diese gesellschaftlichen Gewohnheiten:

Lassen wir andere mit dem Thema »Tod« nicht allein.

Auch auf die Gefahr hin, dass Sie das Buch empört in die Ecke pfeffern und lieber »Harry Potter« lesen, bitte ich Sie, sich folgende Situation vorzustellen. Sofern Sie nicht »Supermann« sind, kann es passieren, dass Ihnen morgen etwas zustößt. Was wollen Sie, dass Ihre Kinder machen?

- Wollen Sie, dass Ihr Kind zeigen darf, wenn es an einem Morgen mal wieder besonders traurig ist? Dass die Pädagogen Ihrem Kind tröstend sagen: »Es ist völlig in Ordnung. Erzähl uns davon. Wir verstehen dich und sind bei dir«? Oder wollen Sie, dass Ihr Kind signalisiert bekommt: »Du machst uns verlegen. Deine Gefühle stören unsere Normalität. Du bist Gleichaltrigen nicht zuzumuten«?

- Wollen Sie totgeschwiegen werden? Oder wollen Sie weiterleben in Erinnerungen und Ritualen? Wollen Sie, dass Sie in Gesprächen und auf Fotos auftauchen?
- Was möchten Sie, dass Ihre Kinder glauben? Wollen Sie, dass Ihre Kinder denken, dass Sie von einem Tag auf den anderen für immer »weg« sind? Oder, dass Sie auf eine andere Art weiterhin für sie da sind? Wollen Sie, dass Ihre Kinder glauben, dass sie noch mit Ihnen reden können?

Sagen Sie nicht, man sei hilflos und könne nichts tun, wenn jemand trauert! Statt uns erschrocken zurückzuziehen, können wir für ihn da sein und die schmerzhafte Tatsache einfach mit ihm gemeinsam aushalten. Einfach? Nein, einfach ist es nicht. Gerade deshalb sollten wir unsere Kinder mit diesen dunklen Seiten der Wirklichkeit nicht alleine lassen.

Nutzen Sie Bilderbücher, wo eigene Worte nicht ausreichen

Ich lasse mir gern von Kinderbüchern dabei helfen, Frieda und Josefine die Welt zu erklären. So auch, als Jens und ich beschlossen haben, unsere Tochter bei nächster Gelegenheit aufzuklären. Natürlich hatte ich schon vor Monaten sämtliche Literatur zu diesem Thema gesichtet und mich für das Buch »Du kommst auch aus Mamas Bauch« entschieden. Es schien alles perfekt, nur leider hatten wir das Buch zwei Tage später nicht dabei, als sich Schimpansen-König Ronny vor allen Augen seine Affendame Lola vornahm. So stand ich stotternd in der Menge schadenfroher Zuhörer und suchte nach kindgerechten Worten für das, was dort zwischen der Holzwolle passierte.

Ich sag's ja, Bücher machen das Leben leichter. Mit ihnen kann man sagen, wozu einem sonst die Worte und das Wissen fehlen. Bis auf den Sturz beim Eislaufen im letzten Winter bin ich ja eigentlich nicht auf den Mund gefallen. Was aber sagt man, wenn der Hund stirbt oder wenn Frieda wissen will, warum sie nicht zu Fremden ins Auto steigen soll? Da bin ich froh, wenn jemand anders die Situation schon besser formuliert hat, als ich es je könnte:

Nutzen Sie Bilderbücher, wo Ihre eigenen Worte nicht ausreichen.

In unserer Stadtteil-Bücherei findet man zu jedem Thema etwas. »Tammo geht zum Kinderchor«, »Anna zieht nach Sambia«, »Ich habe einen Freund, der ist Paparazzo«, »Der Pirat sucht einen Job«, »Als die Hasen Läuse hatten« oder auch »Schlaf gut, mein kleiner Taschendieb«. Diese Geschichten sind das Navigationssystem, mit dem sich meine Kinder in der Welt orientieren können. Endlich brauche ich als Mutter nicht mehr den ganzen Tag mit den beiden in der Müllverbrennungsanlange oder auf der Bohrinsel herumzustehen, um ihre Neugierde zu befriedigen. Und wenn es in der Familienkasse wieder einmal nicht für eine Weltreise reicht, leihe ich ihnen stattdessen das passende Buch aus. Praktisch, nicht?

Frieda und Josefine scheinen vor Büchern inzwischen noch mehr Respekt zu haben als ich. Ach nein, lassen Sie es mich anders formulieren: Frieda und Josefine scheinen vor Büchern inzwischen noch mehr Respekt zu haben als vor mir.

Zurzeit kommt meine Jüngste zum Beispiel oft kleinlaut aus dem Kindergarten. Ebenso wie ihre zwei allerbesten Freundinnen leidet sie unter der Dreieckssituation. Statt zusammen zu spielen, kämpfen sie verbissen »Wer mit wem und wer hat wen lieber?«. Eine scheint immer gerade außen vor zu sein. Natürlich versuche ich, Frieda zu trösten. »Vielleicht geht es den anderen beiden genauso. Wie wäre es, wenn ihr zu dritt spielen würdet?«, erkläre ich sanft, doch ihr skeptischer Blick sagt: »Die kann mir ja viel erzählen. Was weiß Mama schon von Karla und Fabienne?«

Zufällig fangen wir an diesem Abend an, »Nella Propella« von Kirsten Boie vorzulesen. Es geht um Nella, die im Kindergarten so ein komisches Gefühl hat, als ihre beste Freundin plötzlich nur noch mit dem neuen Mädchen spielt, und die lernt, sich mit beiden zu arrangieren. Mit jeder Seite, die ich vorlese, werden die Augen und Ohren meiner Tochter größer, und das nicht nur, weil Nella an der Kita-Garderobe ebenso wie Frieda der Haken mit der Erdbeere gehört. Ich merke, wie sie jedes Wort der Geschichte aufsaugt und es in ihrem Kopf zu rattern beginnt.

»Mütter können einem viel erzählen. Aber wenn es im Buch steht, dann muss es ja stimmen.«

Wahr ist eben nur, was erfunden ist. Kein Wunder, dass auch Doris Dörrie dazu übergegangen ist, sich neben ihren Romanen und Filmen herrliche Bilderbücher über Mütter und Töchter auszudenken. Mir widersprechen sie lautstark, ihr glauben sie aufs Wort. Danke, Frau Dörrie!

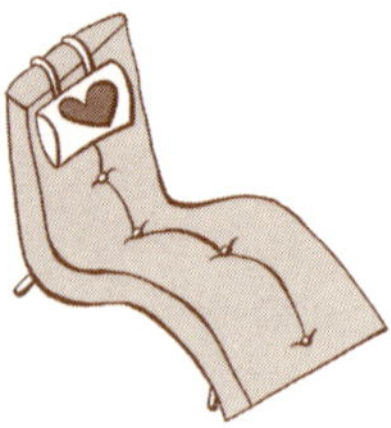

Setzen Sie auf Vielfalt

Mütter werden ja bombardiert mit Weisheiten und gut gemeinten Ratschlägen. Mittlerweile kenne ich allein sechs Rezepte, die angeblich todsicher gegen Erkältung helfen. Doch welches von ihnen ist das beste? Da Frieda seit gestern mit Husten und einer dicken Rotznase auf dem Sofa liegt, soll nun jedes der sechs Hausmittelchen seine Chance bekommen. Montags gibt es Halswickel, und dienstags wird inhaliert. Mittwochs mache ich ihr Jamie Olivers berühmten Obstsalat, donnerstags lutscht sie drei Globuli Nux vomica, und am Freitag vergrabe ich um Mitternacht eine ihrer Locken im Hof. Was soll ich Ihnen sagen? Die Rezepte wirken tatsächlich. Als es Samstag wird, ist Friedas Schnupfen wie weggeblasen!

Es ist offensichtlich ratsam, einfach von allem etwas zu beherzigen. Der Königsweg zur Gesundheit scheint doch kein schmaler Trampelpfad zu sein, den nur ausgewählte Insider kennen, sondern eine mehrspurige Schnellstraße mit Ausweichstrecken und vielen Ausfahrten. Falls es den Gesundheitstipp schlechthin geben sollte, dann kenne ich ihn zumindest noch nicht. Das Einzige, was ich mit Sicherheit sagen kann, ist:

Einseitigkeit macht krank.

Eigentlich leuchtet das ja auch jedem ein. Uschi Glas etwa behauptet, sie sei so schlank und fit, weil sie seit Jahren nur eine Ananas zum Frühstück esse. Das zum Beispiel klingt mir zu einseitig. Stellen Sie sich doch mal vor, Ihr Frühstück jeden Morgen nur mit Uschi Glas zu essen. Am ersten Morgen mag es ja vielleicht noch ganz interessant sein, exklusiv mit der berühmten Schauspielerin am selben Tisch zu sitzen. Am Ende der Woche wirkt das schon weniger aufregend, und spätestens nach einem halben Jahr werden sich Ihre Kinder zu Recht beschweren, dass sie morgens nie mit in die Küche dürfen. Mal ehrlich, so viel Monotonie kann doch nicht gesund sein. Da ist es doch viel belebender, kurzentschlossen von einem Geheimrezept zum nächsten zu wechseln:

- Heute mache ich einen Obsttag, und morgen werde ich ausgelassen schlemmen.
- Mal gehe ich zum Yoga und mal zum Boxen.
- Erst bin ich leidenschaftliche Vegetarierin, dann setze ich voll auf ein gesundes Steak.
- Diesen Monat verzichte ich streng auf Alkohol. Im nächsten verordne ich mir ein tägliches Glas Rotwein.

Vielfalt ist ausgesprochen wichtig, um gesund zu bleiben. Zu dieser Erkenntnis bin ich allerdings nicht ganz freiwillig gekommen. Vor drei Jahren diagnostizierte meine Ärztin Lebensmittelunverträglichkeiten gegen Milcheiweiß, Hühnerei und alle hierzulande üblichen Mehlsorten. Dieses Ergebnis hätte ich mir freiwillig natürlich nie ausgesucht. Ganz im Gegenteil. Ich war doch immer so stolz darauf, auf dieser Welt scheinbar die Einzige ohne Heuschnupfen, Hausstaub- oder Haselnussallergie zu sein, und jetzt das!

Doch was sich im ersten Moment nach saurem Verzicht anhörte, hat mir inzwischen schon viel Genuss bereitet. Plötzlich musste ich zwangsweise etwas ausprobieren, das mir vorher viel zu vernünftig und unbequem schien. Überrascht habe ich festgestellt: Es macht Spaß und ist ziemlich lecker, auch mal etwas anderes zu essen als die hierzulande üblichen Standardlebensmittel. Meinen Speiseplan möglichst wechselhaft zu gestalten, ist die beste Taktik, um gegen die alten Unverträglichkeiten anzugehen und neue zu vermeiden:

Vielfalt ist gesund.

Anne sagt: »Was das Essen angeht, habe ich's ja leichter als du.« Das stimmt gar nicht. Ich habe es leichter, denn ich weiß, dass mir einige Lebensmittel schlecht bekommen. Nur das kann ein Genuss-Faultier dazu bringen, den Speiseplan vielfältig zu halten, statt zum vierten Mal in dieser Woche zur Fertigpizza zu greifen. Wie Sie sehen, bin ich in einer glücklichen Zwangslage. Frauen wie Sie oder Anne müssten im hektischen Alltag verständlicherweise viel mehr Willensstärke aufbringen, um mal eine Soße mit Kokosmilch oder Pfannkuchen aus Maismehl zu machen.

Bei Frieda und Josefine warten wir erst gar nicht auf Nahrungsmittelunverträglichkeiten, sondern fangen schon jetzt mit dem Genießen an. Von allem, was uns auf den Teller kommt, kriegen sie einen Probierhappen angeboten. Die wichtigste Essensregel unserer Familie lautet: Es ist nicht wichtig, was unsere Kinder essen, Hauptsache, die Palette an Lebensmitteln und Gerichten ist breit gefächert.

Jetzt werden einige Mütter verständlicherweise aufschreien: »Aber meine essen das nicht!« Ja, ich weiß. Frieda und Josefine sind auch so. Und nicht nur die, wie ich inzwischen feststellen konnte. Als ich bei meiner Cousine zum Abendessen war, machten Lars und Leon ein Riesentheater um die schwarzen Punkte in der Leberwurst, und als ich eine alte Arbeitskollegin besuchte, flog die Salatgurke ihres Sohnes in hohem Bogen auf den Küchenboden. Über Tischsitten und konsequente Erziehung kann man streiten, aber ich muss gestehen, dass mich diese fliegende Salatgurke angenehm beruhigt hat. Auch bei anderen wird also übers Essen gemeckert. Wahrscheinlich ist es Kindern einfach angeboren, dass sie herummäkeln.

Jens und ich wollen natürlich niemanden zum Essen zwingen. Aber wir wollen gesunde Kinder. Deshalb bieten wir ihnen möglichst viel Unterschiedliches zu Meckern an:

> **Unser elterliches Ziel ist, die Anzahl der kindlichen »Das mag ich nicht!« am Esstisch zu erhöhen.**

Das hört sich zwar etwas verrückt an, aber wenn jemand so wählerisch ist wie Frieda und Josefine, darf man auch zu ungewöhnlichen Mitteln greifen. Dazu versuchen wir, möglichst viele Lebensmittel in den Speiseplan einzubauen, die unsere

Kinder noch nicht kennen oder an die sich ihr Geschmack noch nicht gewöhnt hat. Wir kaufen Stachelbeeren, Ziegenkäse, Milchreis, Spargel, Tiramisu und alles sonstige, was die beiden todsicher mit einem entsetzten »Iii, was ist das denn?« ablehnen.

Im Gegensatz zu Sandra mag ihr Sohn keine Oliven. Inzwischen kauft sie trotzdem welche. Es ist ihm allemal zuzumuten, dass sie mit auf dem Abendbrottisch stehen und er sieht, dass seine Eltern davon essen. Immer wieder fragt sie ganz selbstverständlich: »Möchtest du eine Olive probieren?«, und nimmt's gelassen, wenn er – unter Hervorbringung täuschend echter Brechgeräusche – ablehnt.

Letztendlich ist es nur eine Frage der Zeit. Kaum ein Kind bleibt dauerhaft bei »Nudeln ohne alles«, wenn regelmäßig die verschiedensten frischen Dinge auf dem Tisch stehen, von denen sich die Eltern selbstverständlich und genussvoll bedienen. Sie müssen niemanden zwingen. Sie nutzen nur die natürliche Neugierde Ihres Kindes.

Halten Sie sich an Probierhappen

Das Angebot an Religionen, Berufen, Freundschaften und Lieblingsfilmen ist hierzulande so unglaublich vielfältig, dass es schwer ist, das Richtige für sich herauszufinden. Der Probierhappen gilt bei uns deshalb nicht nur fürs Essen:

Du kannst nur sagen, dass du es nicht magst, wenn du es probiert hast.

Letzten Freitag habe ich Josefine mit zum Karatetraining genommen, um ihr zu zeigen: »Schau, es gibt Kinder, die einmal in der Woche Karate machen. Sie sind ein Teil unseres Lebens, aber es gibt noch vieles mehr. Es gibt Kinder, die lieber Ballett tanzen, es gibt Österreicher, Singles, Adoptionen, Kellerschlüssel, und es gibt Tage, an denen ich unausstehlich bin. Aber hier und heute siehst du erst mal Karate.«

Ob Josefine ab nächster Woche begeistert zum Training kommen will oder lieber weiterhin in ihre Malschule geht, bleibt ihr überlassen. Hauptsache, mein Kind weiß in seinem Leben: »Ach, schau mal, Karate. Ja, das habe ich auch schon mal gesehen.« Je mehr sie kennt, desto selbstsicherer wird sie durchs Leben gehen.

Für jemanden, der so viel am Computer arbeitet wie ich, war es anfangs schwer einzusehen, dass meine Kinder nicht einfach zu programmieren sind. »Es wäre nett, meine Überzeugungen einfach per Datenübertragung auf meine Kinder zu kopieren«, dachte ich. Anschließend fänden sie nur das gut, was ich gut fände, und wir hätten immer die gleiche Einstellung zum Leben.

Inzwischen weiß ich, dass es so besser ist. Ganz abgesehen davon, dass Josefine und Frieda die passende Buchse für das Verbindungskabel fehlt, kommen meine Kinder nun mal mit den unterschiedlichsten Einstellungen und Lebensgewohnheiten in Berührung.

- Bei Lucas Mama schmeckt der Kartoffelbrei ganz anders als zu Hause.
- Karlas Eltern haben daheim einen Swimmingpool.
- Dorles Eltern haben kein Geld für die Fahrt ins Schullandheim.
- Sveas Mutter lebt inzwischen mit ihrer Freundin Renate zusammen.
- Leylas Mutter trägt ihr Kopftuch nicht nur im Sommerurlaub.

Vielfalt schützt nicht nur gegen Kuhmilchallergie, sondern auch gegen einseitiges Schwarz-Weiß-Denken.

Wenn Josefine und Frieda viel kennenlernen, haben sie eine große Palette an Vorbildern, aus denen sie sich selbst heraussuchen können, welches zu ihnen passt. Und damit ist ihnen mehr geholfen als mit pflegeleichter Dauerharmonie.

EIN FALL FÜR ZWEI

Wann werden aus Eltern wieder Paare?

Wo sind all die verliebten Paare hin?

Gehen Sie bloß niemals am letzten Schultag vor den großen Sommerferien in eine angesagte Kneipe, wenn Ihnen etwas an Ihrer guten Laune liegt! Heute haben Anne und ich es endlich mal wieder geschafft, zusammen auszugehen, doch im »Grünen Papagei« ist es brechend voll. Es wimmelt nur so von übermütigen Teens, die lachen, baggern, flirten oder knutschend in der hinteren Sofaecke sitzen. Ein bisschen komme ich mir vor, als sei ich Teilnehmerin eines Ehemaligentreffens. Ganz so, als gehörte ich hier nicht mehr wirklich hin und als sei ich nur im Gedenken an alte Zeiten gekommen.

Gedankenverloren sehen wir dem bierseligen Balzverhalten zu, bis Anne plötzlich fragt: »Und was macht *eure* Beziehung?«

Na ja, bis zum heutigen Abend im »Grünen Papagei« dachte ich eigentlich, zwischen Jens und mir wäre alles wie früher. Klar, dass es ruhiger geworden ist und dass nach den stressigen Babyjahren so ein kleines bisschen der Lack ab ist. Aber die siebzehnjährigen Ferien-Verliebten in der Sofaecke lassen uns im wahrsten Sinne des Wortes plötzlich alt aussehen.

Auf einmal muss ich an ein Erlebnis aus dem letzten Jahr denken. Damals stand ich am Muttertag früh morgens an der Tankstelle und bezahlte meine Zeitung, als ein junger Nachtschwärmer mit seiner Freundin hereingetorkelt kam und mir ins Ohr lallte: »Alles Gute zum Muttertag.« Seiner Begleiterin war das peinlich, doch er verteidigte sich lautstark:

»Wieso, das is' doch 'ne Mutter, oder nicht? Die sieht doch so aus.« Seitdem weiß ich, dass Fremd- und Selbstbild halt nicht immer übereinstimmen. Welcher Kommentar läge diesem Nachtschwärmer wohl auf der Zunge, wenn er Jens und mich zusammen sehen würde? »Das soll 'n Liebespaar sein? Ich seh' hier nur zwei Eltern.«

Wie steht es um unsere Verliebtheit, nachdem wir in den letzten sieben Jahren zwei Mal umgezogen sind, aber nicht ein einziges Mal länger als bis 8:30 Uhr geschlafen haben? Finden wir überhaupt noch ein gemeinsames Gesprächsthema außer der Frage, wer zur Reinigung geht und ob sich der Kauf neuer Kinderstiefel im Februar noch lohnt? Was haben sich zwei Erwachsene zu sagen, die sich mehr als 800 Mal verei-

nigt und weit mehr als 1800 Mal geeinigt haben, wer heute Abend mit Vorlesen an der Reihe ist?

Eines Tages werden Jens und ich unausweichlich einmal aufeinandertreffen, ohne dass die Kinder dabei sind.

Übernächsten Mittwoch zum Beispiel. Vielleicht aber auch erst an einem lauen Sommerabend im Jahre 2029. Spätestens dann werden wir uns die Frage stellen müssen: »Was können wir zwei noch miteinander anfangen?« Ich fände es irgendwie ungemütlich, wenn mein Mann dann brummelt: »Lass uns später darüber reden, Schatzi. Ich bin mit meiner Geliebten im ›Grünen Papagei‹ verabredet.«

Deshalb gibt es auf die Frage »Wann werden aus Eltern wieder Paare?« nur eine schlüssige Antwort: Jetzt! Schließlich will ich das Leben mit Jens genießen und nicht erst warten, bis die knutschenden Teenies nach den Ferien wieder in ihre Schulklassen zurückgeturtelt sind.

Für unsere Verliebtheit gibt es keinen besseren Tag als heute.

Prompt, aber herzlich verabschiede ich mich von Anne, bezahle meine zwei Gläser Rotwein, den Vorspeisenteller, zwei Wasser, ein Bier und einen Gin Tonic und wanke übermütig nach Hause. Doch was kann ich konkret tun? An der Bushaltestelle leuchtet Reklame für ein Geschirrspülmittel: »Frühlingsfrisch in drei Phasen«. Das klingt doch gut.

Phase I: Wir stellen uns.

Es gibt Dinge, die müssen mal gefragt werden. Je länger ich warte, umso schwerer wird es. Also nehme ich mir ein Herz und frage: »Liebst du mich eigentlich noch?« Doch Jens schaut weiter geistesabwesend auf seinen Computer-Bildschirm. »Lass uns später drüber reden, Schatzi, ich bin eben dabei, dir was Nettes bei Fleurop zu bestellen.«

Phase II: Wir sehen zu, dass wir das Unwetter überstehen.

In dieser Phase kommt endlich mal alles auf den Tisch, was uns schon seit Langem gestunken hat. Ich sage Jens, dass mir seine Regenjacke nicht gefällt, dafür wirft er mir plötzlich vor, heimlich an seine Trauben-Nuss-Schokolade zu gehen. Das befreit und entschlackt, macht aber nicht unbedingt Lust auf mehr. Eventuell wird es auch in Ihrer Beziehung augenblicklich scheppern, sobald Sie ganz normale Kritik andeuten, und möglicherweise denken Sie: O Gott, wenn es wegen der zwei Riegel Schokolade schon so knallt, was mag dann noch passieren, wenn ich ihm erst das mit den Snickers sage?

Phase III: Wir leisten unsere Sozialstunden ab.

Das beste Mittel, um die unangenehme Phase II zu beschleunigen, ist es, parallel schon mal in Phase III einzusteigen: Wir leisten unsere Sozialstunden ab und beschäftigen uns gemeinsam mit etwas Schönem. Wir gehen zum Italiener, spielen Federball oder lesen uns abends im Bett gegenseitig unser Horoskop vor.

Wozu brauchen wir die Phase III? Um uns daran zu erinnern, wie nett es zu zweit sein kann. Das häufigste Beziehungsproblem vielbeschäftigter Eltern ist nämlich, dass sie schlichtweg vergessen haben, wie nett es war, bevor die Kinder kamen. Phase III ist damit der Bereinigungs-Beschleuniger. Sie löst alte Vorwürfe und hartnäckige Verkrustungen in Ihrer Partnerschaft.

Bleiben Sie am Ball

In der Natur gibt es sogenannte »Zeiger-Pflanzen«, die einem eindeutige Hinweise auf die Bodenbeschaffenheit oder die Jahreszeit geben können. Wenn zum Beispiel der Haselnussstrauch vor unserem Badezimmerfenster zu blühen beginnt, dann weiß ich, dass der Vorfrühling in vollem Gange ist und es höchste Zeit wird, das Sommergetreide auf dem Balkon auszusäen.

Auch in der Natur des Menschen gibt es »Zeiger-Pflanzen«, nämliche Phänomene, die uns verraten, in welchem Lebensalter wir uns befinden: Es gab die Zeit der ersten Zahnspangen, die Zeit der Fahrstunden, die Zeit der ersten Schwangerschaften und der ersten Eigenheime. Kein Wunder, dass ich mir angesichts der knutschenden Teenies so meine Gedanken über die Zukunft mache. Mittlerweile zeigt sich nämlich ein neues Phänomen: Die Zeit der Sorgerechtsprozesse ist angebrochen.

In Fall meiner Bekannten Imke kann man zur Trennung von ihrem cholerischen Ehemann nur gratulieren. Ich bewundere sie dafür, dass sie Umzug und Anwaltskosten nicht scheut, damit es ihr und ihrer Tochter Mia besser geht. Doch nicht immer ist die richtige Entscheidung so eindeutig.

Trennen Sie sich nicht von Ihrem Partner, nur weil es schlecht läuft.

Auch Sandra hadert mit ihrer Situation. Sie sagt, momentan erinnere sie kaum noch etwas an die Zeit auf Wolke sieben: »Mein Liebesleben ähnelt eher den endlosen Diskussionen im Big-Brother-Haus als einem romantischen Mondscheinspaziergang.«

Hoffentlich denkt Sandra noch mal nach, bevor sie die Scheidungspapiere fordert. Eigentlich ist Oliver ein netter Kerl. Wenn sie sich von ihm mehr Leidenschaft, Komplimente und mehr tatkräftige Unterstützung im Haushalt wünscht, dann ist es nämlich ein sehr unökonomischer Weg, sich von ihm zu trennen. Als Alleinerziehende wird sie mit Sicherheit noch weniger von ihm haben. »Ja, kurzfristig vielleicht«, wendet Sandra ein. »Aber über kurz oder lang würde ich mein Leben neu einrichten und einen Mann finden, der mir mehr Leidenschaft und Haushaltshilfe bieten kann.«

Vorsichtig! Verwechseln Sie Beziehungsprobleme nicht mit Karies. Vielleicht untersucht Ihr Zahnarzt demnächst Ihren Backenzahn und erklärt sehr überzeugend: »Der ist hin, da lohnt keine Reparatur. Es ist besser, wenn wir den Rest der Zahnsubstanz entfernen. Und dann pflanze ich Ihnen ein wunderschönes Implantat ein.« Mit einem gepfefferten Kostenvoranschlag kommen Sie aus der Praxis. Anschließend haben Sie einen Termin bei der Paartherapeutin. Die wirft einen schnellen Blick auf Ihren missmutigen Gatten und rät: »Das lohnt nicht. Da würde ich keine halben Sachen machen. Ich kann natürlich versuchen, Ihnen den Alten zu reparieren, aber eines prophezeie ich Ihnen schon jetzt: Mit dem werden Sie immer wieder Ärger haben.«

Auf dem Prospekt Ihres Zahnarztes sieht die Radikallösung ganz vielversprechend aus, aber überlegen Sie gut, ob ein »Neuer« auch in der Liebe hält, was er verspricht.

Eine natürliche, gewachsene Beziehung lässt sich nicht so einfach durch ein künstliches Wunderimplantat ersetzen.

Gäbe es »Supermann« wirklich, würde ich allen Frauen sofort raten, ihre Durchschnittskerle auszutauschen, denn verdient hätten sie es. Solange es perfekte Männer aber noch nicht einmal in Cappuccino gibt, möchte ich Sie warnen, Ihren Durchschnittsmann gegen einen anderen Durchschnittsmann zu tauschen. Sandra leidet zum Beispiel seit Jahren darunter, dass ihr Oliver schnarcht. Da kann es sein, dass ein neuer Partner zwar leiser schläft, ihr dafür aber total mit seinen Computerspielen auf den Senkel geht. Einen unschlagbaren Vorteil hat Oliver auf jeden Fall: Er ist der Vater ihrer Kinder. Mit keinem Spielzeug und keinem Badeurlaub macht Sandra ihren Söhnen eine größere Freude, als wenn sie etwas dafür tut, sich mit deren heiß geliebtem Papa gut zu verstehen.

Gerade sehe ich, wie Jens mit den Kindern spielt. Er ist so in seine UNO-Karten vertieft, dass er gar nicht merkt, dass Josefine schummelt. Seit wann haben sich die grauen Haare auf seinem Kopf eigentlich so vermehrt? Liegt es am Schlafmangel? Am Beruf? An den Kindern? Vielleicht sollte ich nicht so streng mit uns sein. Möglicherweise ist gerade jetzt der beste Zeitpunkt, um mal wieder in die Beziehung zu investieren. Denn egal, ob es um die Eheprobleme meines Zahnarztes geht oder um die Zähne meiner Paartherapeutin:

Herumdoktern lohnt sich häufiger, als man denkt.

Emmas Wut und Atlas' Enttäuschung im Hamsterrad

Der gute Wille ist bei den meisten Paaren da, aber er wird auf eine harte Probe gestellt. Adam und Eva hatten es noch viel einfacher. Sie waren mit sich selbst alleine und konnten frei entscheiden, wie sie leben und lieben wollten. Heute zählen wir eher zu Atlas und Emma. Die beiden sind Teil einer Gesellschaft, die es Eltern nicht immer ganz leicht macht.

Kennen Sie die Geschichte von Atlas und Emma, die aus dem Paradies geflogen sind, weil sie sich nicht entscheiden konnten, von welcher der vielen leckeren Obstsorten sie als Erstes probieren sollten?

Gestatten, Emma: Natürlich bin ich nicht mehr die altmodische Eva, die nur im Garten Eden rumsteht und Apfelmus einkocht. Schließlich bin ich eine moderne und emanzipierte Frau. Die Welt steht mir offen. Das Leben fragt mich: »Was willst du? Du hast ein Recht auf alles.« Es bietet mir Kinder, eine gleichberechtigte Partnerschaft, Erfüllung im Beruf und gelebte Freundschaften. Ich antworte ihm: »Du sagst, ich habe ein Recht auf das alles? Also, wenn ich ehrlich bin, dann will ich … – alles!« Mein Wunsch wird erfüllt, versprochen ist versprochen, und im Laufe der nächsten Jahre bekomme ich alles: zwei Kinder, Lust auf gemeinsame Zeit mit Jens, interessante berufliche Angebote, Ansprüche an die Sauberkeit unserer Wohnung, Geburtstagseinladungen …

Was dabei zu kurz kommt, sehe ich erst auf den zweiten Blick: Zeit, um einfach mal für mich zu sein. Zeit, um faul zu sein. Zeit für Freunde. Zeit für Jens. Zeit, um auch mal unsicher zu sein. Zeit zum Kranksein. Die Familienministerin hat einmal in einem Interview gesagt: »Wenn man gut organisiert ist, dann kann man das schaffen.« Ich bin das lebende Beispiel dafür, dass sie Recht hat. Aber ist »schaffen« wirklich das, was ich mir gewünscht habe?

Gestatten, Atlas: In einem Artikel wurde mein Mann einmal mit Atlas aus der griechischen Mythologie verglichen. Seltsam, dabei kannte die Autorin ihn gar nicht persönlich. Aber das Bild des »neuen Mannes«, der die ganze Welt auf seinen Schultern trägt, passt trotzdem sehr gut. Als moderner Papa nimmt er schließlich eine Menge auf sich. Er möchte ein Vater zum Anfassen sein und nicht bloß der Ernährer der Familie, der spät abends heimkommt und sich aus Erziehungsfragen heraushält. Auch die Spülmaschine und gefühlvolle Gespräche sind ihm nicht fremd. Früher kamen seine Artgenossen nach Hause, wenn es dunkel war, und ließen sich die Pantoffel bringen. Heute haben die Väter den Anspruch, trotz der gestiegenen Auftragslage pünktlich zum Kindergartenfest um 16:30 Uhr aus dem Büro zu kommen.

Sie sehen, der gute Wille ist da. Atlas und Emma lieben sich, doch sie sind einfach zu müde und zu überfordert. Den ganzen Tag sind sie unermüdlich in ihrem Hamsterrad gelaufen, um alle zufriedenzustellen und ihren hohen Ansprüchen an sich selbst gerecht zu werden. Jetzt, wo die Kinder endlich im Bett sind, wünschen sich beide Verständnis und Unterstützung. Dummerweise geht es dem anderen ähnlich, und deshalb hat keiner Energie übrig, um den großen Verwöhner zu spielen. So sitzen sie dann manchmal beide da – abgekämpft, enttäuscht vom anderen und eigentlich beide sehnsüchtig auf Freundlichkeit, Anerkennung und Unterstützung wartend. Dabei zeigt sich deutlich:

Wir haben keine Beziehungsprobleme, sondern ein Gesellschaftsproblem!

Eigentlich bin ich ja froh, dass die Ansprüche gestiegen sind. Ich bin den Frauenrechtlerinnen aus den Siebzigern sehr dankbar für ihren Kampfgeist. Aber hätten Alice Schwarzer & Co. allen emanzipierten Paaren nicht noch den gesetzlichen Anspruch auf eine Haushaltshilfe erkämpfen können? So nach dem Motto »Mein Bauch gehört mir, aber im Kampf gegen die Wollmäuse überlasse ich die Entscheidungsgewalt gerne einem jungen Hausangestellten«? Und hätten mit den Vatergefühlen unserer Männer nicht auch die ihrer Chefs wachsen können, damit sie auf der Teambesprechung erklären: »Herr Schumann kann heute nicht zur Sitzung kommen. Die vorweihnachtliche Situation im Kindergarten erfordert seine uneingeschränkte Aufmerksamkeit.«

Es ist nicht fair, meinem Mann anzulasten, dass die gesellschaftliche Situation noch nicht so modern ist wie er. Auf jeder Jahreshauptversammlung wird als Erstes der Vorstand entlastet. Warum also nicht auch in meiner Beziehung? Das Einzige, was ich Jens im hektischen Familienalltag unterstellen sollte, ist sein guter Wille und dass ihn die unzähligen Ansprüche seiner Umwelt manchmal ebenso überfordern wie mich.

Gerne hätte ich Ihnen den Blick meines Mannes gezeigt, als ich ihm dieses Kapitel zum Probelesen gab. So dankbar habe ich ihn nicht mehr gesehen, seit ich ihm damals vor dem Bewerbungsgespräch noch schnell den Rest Zahnpasta von der Backe gewischt habe. Plötzlich wird mein »Gegner« wieder zum »Partner«, und wir müssen uns neben Josefines Geburtstagsfeier und der verfärbten Kochwäsche nicht auch noch darum kümmern, wer den Machtkampf zwischen uns gewinnt.

Ein Seitensprung mit Onkel Quentin

Letztens habe ich einen bezaubernden Mann kennengelernt. Wir haben stundenlang geredet, und als er ging, hat er mir seine Telefonnummer zugesteckt und leise gesagt: »Überlegen Sie es sich. Sie können mich jederzeit anrufen.« Er wollte, dass ich eine Lebensversicherung bei ihm abschließe. Wenn er mich zur Vertragsunterzeichnung zu sich nach Hause gebeten hätte, wer weiß, ob ich mir das mit den 75 Euro im Monat nicht tatsächlich einmal überlegt hätte.

Warum auch nicht? Abenteuerlust ist doch eigentlich etwas sehr Schönes. Meine Tochter Josefine hört schließlich auch ihre »Fünf Freunde«-CDs, und meine Mutter kauft sich Enid Blyton sogar auf Englisch. Sie will ihre Sprachkenntnisse auffrischen, und wie ich sie kenne, wird sie im nächsten Urlaub jedem akzentfrei erzählen: »Kommt, lasst uns noch einmal zur Bucht gehen. Onkel Quentin wartet im Felsenhaus auf uns.« Selbst meine 86-jährige Omi liest heimlich darin, während sie vorgibt, auf dem Sofa meiner Eltern ihr Sonntagsschläfchen zu machen. Sie sehen: Abenteuerlust ist keine Frage des Alters. Jeder Mensch hat Wünsche und unerfüllte Sehnsüchte.

Was jedoch bei anderen eine harmlose zwischenmenschliche Flaute ist, gerät bei mir gleich zur mittelschweren Sinnkrise. Mein Mann kennt das aber schon. Wenn ich mich nach einem anstrengenden Tag zu ihm auf den Balkon setze und sehnsuchtsvoll in den Sonnenuntergang seufze, weiß er sofort, was Sache ist. Zum Glück nimmt er's gelassen. Solange ich ihm nämlich noch freimütig gestehe: »Manchmal würde ich am liebsten gehen …«, kann er sicher sein, dass ich bleibe. Es wird halt alles nur halb so heiß gegessen, wie es gekocht wird.

Es ist kein Problem für Ihre Beziehung, falls Sie nicht wunschlos glücklich sind. Problematisch ist nur der Anspruch, wunschlos glücklich zu sein.

Inzwischen kennt Jens meine Sehnsüchte besser als ich selbst. Wenn ich jammere: »Am liebsten würde ich meine Sachen packen und nach Spanien auswandern«, dann sagt er tröstend: »Das lässt sich doch sicher irgendwie einrichten«, und organisiert mir ein Wochenende mit Anne in Köln. Und wenn ich ihm wehmütig gestehe: »Ich möchte so gerne mal wieder einen heißen Flirt mit wildfremden Männern«, dann sagt er tröstend: »Das lässt sich doch sicher einrichten«, stellt mir Chips auf den Couchtisch und schiebt »Sex and the City« in den DVD-Player.

Woher nimmt dieser Kerl so viel Beziehungsweisheit? Ich habe ja die Vermutung, dass er heimlich bei den Männern von Cappuccino in die Lehre gegangen ist. Dieses Buch richtet sich zwar hauptsächlich an junge Mütter, aber natürlich ist Cappuccino auch das Traumziel unserer Männer. Was wollten wir auch im Paradies, wenn es dort nur Frauen gäbe?

Werden Sie Sieger nach Punkten

Ich habe 1998 einmal ein sehr aufschlussreiches Praktikum in der Zentrale der Osnabrücker Müllabfuhr gemacht. Seitdem hege ich den Verdacht, dass sich alle Probleme dieser Welt im Zweifelsfall mit Entrümpeln lösen lassen. Warum also nicht auch Beziehungsprobleme?

Jens hat nichts gegen meine Wegwerf-Aktionen. Solange ich seine Plattensammlung und die uralte »Grüße aus Bonn«-Tasse verschone, macht er sogar gerne mit. Gleich nach der Tagesschau nehmen wir die Sache in Angriff und stellen in Gedanken einen großen Karton auf. Dann sammeln wir alle störenden Gedanken und werfen sie zum Entsorgen in die Beziehungskiste. Nach mehr als zwölf Jahren kommt da ein ganz schöner Berg überzogener Vorstellungen zusammen:

- Verständnis ohne Worte
- Zweimal täglich Herzklopfen
- Ein romantisches Plätzchen am See ohne Mückenstiche
- Festtagsstimmung pünktlich zum Jahrestag
- George Clooney am Feierabend, Jamie Oliver in der Küche und eine Zugewinngemeinschaft mit Bill Gates

Na, sonst noch was? All diese sperrigen Fantasien, die in Wirklichkeit eh kein Mensch einlösen kann, haben bei uns jetzt ausgesorgt. »Ein bisschen wehmütig wird mir dabei schon«, gestehe ich meinem Mann kleinlaut, als ich die Vorstellung entsorge, mein Partner könne sich wie durch Zauberhand vom Morgenmuffel zum Frühaufsteher verwandeln. Doch Jens versucht, mich zu beruhigen: »Wir brauchen unsere zuckersüßen Vorstellungen ja nicht gleich wegzuschmeißen. Laut Albert Einstein sind angeblich 90 Prozent des menschlichen Gehirns ungenutzt. Da wird sich auch in unserem Oberstübchen sicher noch eine freie Ecke finden, in der wir unsere unpraktischen Utopien zwischenlagern können.«

Bevor wir die Kiste endgültig schließen, stopfe ich ganz oben noch das große Thema »Spontanität« mit hinein. Seit Jahren schwärme ich von der rosaroten Vorstellung, als Eltern »mal wieder völlig spontan dieses oder jenes machen zu können«. Dieser Anspruch an die Liebe junger Eltern ist ziemlich destruktiv, aber weit verbreitet:

> Spontanität wird in Beziehungen noch stärker überschätzt als Bärlauch-Pesto in der jungen deutschen Küche.

Ein verheißungsvoller Begriff, doch er hält längst nicht immer das, was er verspricht. Wenn ich allein an das Wort »Spontangeburt« denke! Frieda kam erst elf Tage nach dem errechneten Termin zur Welt. Treppensteigen, Rizinusöl und Fensterputzen – meine Hebamme und ich hatten erfolglos alles probiert, um Großeltern, Freunde und zukünftige Patenonkel nicht länger auf die Folter zu spannen. Als ich dann endlich Wehen bekam, konnte von »spontan« schon lange keine Rede mehr sein.

Vom Beziehungs-Gespenst »Spontanität« wollen Jens und ich uns zukünftig also nicht mehr einschüchtern lassen. Der heutige Kinoabend muss nicht unbedingt schlechter sein, nur weil wir ein halbes Jahr Vorlaufzeit gebraucht haben, um das Kindermädchen und Popcorn zu organisieren. Vermutlich werden wir den Film mindestens so genießen wie damals das Konzert der Red Hot Chili Peppers. Da haben wir schließlich auch Stunden vor dem Eingang ausgeharrt, um gute Plätze vor der Bühne zu bekommen, und als es endlich losging, fanden wir es umso toller. Fragen Sie mal Eltern von Kindern aus künstlicher Befruchtung: Geplantes Glück muss lange noch nicht das kleinere Glück sein!

Bei Ihrem ersten gemeinsamen Date erlebten Sie ein Feuerwerk der Gefühle und dachten augenblicklich: »100 Punkte! Hauptgewinn!« Jetzt ändern Sie die Taktik. Solange der turbulente Familienalltag eine Vollzeit-Beziehung noch nicht wieder zulässt, sammeln Sie Kleinigkeiten, Nettigkeiten und kostbare Augenblicke:

Werden Sie Sieger nach Punkten.

- Ihr eine halbe Stunde zuhören (3 Punkte)
- Ihm ein Kompliment machen (2 Punkte)
- Morgens einen lieben Gruß auf dem Küchentisch hinterlassen (0,5 Punkte)
- Ihr eine SMS ins Büro schicken (2 Punkte)
- Sich auf offener Straße umarmen (4 Punkte)
- Den Müll runterbringen (3 Punkte)
- Mit zu Elmars Geburtstag gehen (20 Punkte)
- Sich gemeinsam eine Pizza kommen lassen (2 Punkte)
- Sich gemeinsam eine Pizza kommen lassen und sie bei TV-Berieselung im Bett essen (11 Punkte)
- Sich eine Pizza kommen lassen und sie dann nicht essen, weil man trotz TV-Berieselung vor lauter ungezügelter Lei-

denschaft miteinander im Bett gelandet ist (156 Punkte). Was is'? Man wird ja wohl noch mal einen Witz machen dürfen, oder?

- Sich ihr zuliebe die x-te Wiederholung von »Grüne Tomaten« angucken (15 Punkte)
- Ihm zuliebe darauf verzichten, sich die x-te Wiederholung von »Grüne Tomaten« anzugucken (67 Punkte)

Sehen Sie, an 100 Punkte kommt man schneller, als man denkt. Wenn Sie in diesem Tempo sammeln, ist Ihr Mann nächsten Freitag schon ein Hauptgewinn.

Gönnen Sie sich eine gemeinsame Vision

Ein großer Mann mit einer kleinen Frau soll einmal gesagt haben: »Leben ist das, was passiert, während du eifrig dabei bist, andere Pläne zu machen.« Die Rede ist von John Lennon. Offensichtlich verstand er nicht nur eine Menge von Musik, sondern auch vom Wesen des Menschen. Wir sind nun mal als planende Kreaturen geschaffen. Gemeinsam positiv über die Zukunft nachzudenken, ist Balsam für die gestresste Beziehung:

Gönnen Sie sich eine gemeinsame Vision.

Vielleicht erscheint der Begriff »Vision« etwas hochgegriffen, aber schließlich ist dieser Ausdruck kein geschützter Begriff, der nur von Biobauern oder prominenten UNICEF-Beauftragten in Anspruch genommen werden darf.

Visionen entstehen ganz einfach in jenen Momenten, in denen Jens und ich heute gemeinsam von der Zukunft träumen:

Wunschzettel Nr. 31

- Ein Wochenende in Prag
- Zusammen zum Ärzte-Konzert fahren
- Die Wohnung in der Michael-Ende-Straße einrichten

- Sex im Fahrstuhl ausprobieren
- Abends spazieren gehen
- Pellkartoffel mit Knoblauchdip
- Jens macht den Kabarettauftritt und ich die Plakate dazu
- Picknick am Strand
- Bis mittags im Bett rumgammeln
- Nach Gomera ziehen

Gomera ist ganz schön weit weg, aber letzte Woche sind Jens und ich zu zweit zum Wochenmarkt gegangen. Der Blumenhändler sah uns Arm in Arm herüberschlendern und witterte ein gutes Geschäft. »Wie wäre es mit einer zauberhaften Orchidee für eine wunderschöne Frau?« Doch Jens schüttelte den Kopf. »Orchideen? Nein danke, meine Frau und ich gönnen uns lieber ein paar Visionen. Wissen Sie, die sind so herrlich pflegeleicht.« Sprach's und zog mich weiter zum italienischen Bistrostand.

Visionen sind unbeschränkt. Wir können große und kleine nebeneinander haben. Anne und Hannes wollen diesen Sommer endlich die Hecke pflanzen und nachher noch auf einen Kaffee vorbeikommen. Jens und ich wollen eines Tages ein spektakuläres Open-Air-Konzert gegen Atomkraft organisieren und heute Abend früh ins Bett. (Mal sehen, was wir dort machen werden. An Schlafen wird ja nicht mehr zu denken sein, nachdem wir am späten Nachmittag noch ausführlich mit Anne und Hannes Kaffee getrunken haben.)

Visionen verpflichten zu nichts. Da ist es ganz egal, was wir auf unseren gemeinsamen Wunschzettel geschrieben haben. Ich brauche also nicht wirklich eines Tages mit Jens zu den daumendicken Kakerlaken nach Gomera zu ziehen oder Sex im Aufzug zu praktizieren. Erst mal geht es um das erregende Gefühl, das wir haben, während wir diese Pläne schmieden.

Visionen geben kein Limit vor. Je großartiger die Fantasie, desto wirkungsvoller ist sie im tristen Alltag. Wenn Sie später mal gemeinsam den New-York-Marathon laufen wollen, dann können Sie ja heute schon mal den Wagen stehen lassen und zu Fuß gehen. Klotzen Sie also ruhig, das Kleckern erledigen dann schon Ihre Kinder.

Mein Cappuccino

Hat Ihnen die Vorstellung gefallen, in einem Land zu wohnen, in dem es Müttern leicht gemacht wird, sich wohl zu fühlen? Manchmal liegt es gar nicht so weit entfernt, sondern nur an Orten, mit denen wir nicht rechnen.

In den letzten Monaten lag Cappuccino für mich morgens um sechs Uhr bei McDonald's. Dort haben sie rund um die Uhr geöffnet, sodass ich auch um diese Zeit in das fast leere Restaurant kommen kann. Hier ist es bereits kuschelig warm, es läuft leise Musik, und der Kaffee verbreitet sein wunderbares Aroma. Vielleicht plausche ich noch kurz mit den Angestellten – inzwischen kennt man sich schließlich –, doch wenn ich erst einmal anfange zu arbeiten, kann ich sicher sein, dass mich dort niemand aus meinen Gedanken reißt. Hier höre ich das morgendliche Schimpfen meiner Töchter nicht, wenn Papa ihnen angeblich die falsche Marmelade aufs Frühstücksbrot geschmiert hat. Hier werden mich in den nächsten Stunden auch keine interessanten E-Mails oder ein überquellender Wäschekorb von der Arbeit ablenken. Und für den Fall, dass am Nebentisch doch mal ein besonders penetranter Quatscher sitzt, habe ich inzwischen immer Ohropax dabei. Doch nicht nur das.

Eine Wärmflasche, unauffällig in einem Einkaufsbeutel versteckt, kommt ins Kreuz, um Rückenschmerzen vorzubeugen. (Sagte ich schon, dass ich nicht nur unsportlich, sondern auch über 35 bin?) Außerdem sind immer meine glutenfreien Reiswaffeln mit im Gepäck. Die beschmiere ich mir dort dick mit Butter und Marmelade. Ab und zu nippe ich an meinem

Wegwerf-Kaffeebecher, beobachte andere Leute und schreibe sehr zufrieden über bleibende Werte. Für mich ist dieser Ort die Idylle pur.

Wenn Sie das lesen, denken Sie vielleicht: »Puh, das hört sich aber umständlich an!« Stimmt. Es wäre viel einfacher, wenn ich mich mit weniger Extrawünschen zufriedengeben oder gar meinen Job als Lehrerin wieder aufnehmen würde. Mein geliebtes Morgenritual ist tatsächlich sehr aufwändig, aber ich möchte es auf gar keinen Fall missen! Wenn Mütter anfangen, etwas Gutes für sich zu fordern, dann wird es immer umständlich.

Vielleicht geht es genau darum: Dass wir Mütter anfangen, umständlich zu sein, statt selbstlos, unkompliziert und stets zu Diensten!

Deshalb wünsche ich Ihnen, dass Sie sich und anderen möglichst viele Umstände machen. So lange, bis Sie im Land Ihrer Träume sind. Cappuccino mag vielleicht kein lockerleichtes Paradies sein, in dem uns die kalorienarmen Putenbrüstchen gebraten in den Mund fliegen, aber als Mütter sind Sie und ich Herausforderungen schließlich gewöhnt.

In nächster Zeit wird man mich morgens nicht mehr bei McDonald's treffen, denn das Buch ist fertig. Ich werde mir ein neues Cappuccino suchen. Keine Ahnung, wo es liegen wird und was mich dort erwartet, aber eines weiß ich:

Cappuccino ist immer näher, als man denkt …

REGISTER